確かな「学力」を育てる

アクティブ・ラーニングを生かした探究型の授業づくり

主体—協働—対話 で深い学びを実現する

阿部 昇 著
Abe Noboru

明治図書

はじめに

　ここ1～2年「アクティブ・ラーニング」が教育界では大きくクローズアップされている。文部科学省による2014年の提起がその発端だが，その後多くの研究者・実践家がそれについて発信し論議が展開されている。しかし，アクティブ・ラーニングの定義も人によってまちまちであるし，そもそもこれまでも行われてきた「子ども主体」の授業と何が違うのかがよく見えてこない。2008年以来の「言語活動」の充実との関係も見えにくい。

　私は「アクティブ・ラーニング」という提起自体は歓迎すべきと見ている。ただし「アクティブactive」とあるとおり，下手をするとこれまで繰り返されてきた「活動主義」つまり「活動あって学びなし」という状況に陥る。

　そうならないためには，それによりどういう力を育てるのかを明確に意識することが大切である。今，これまでの能力観・学力観の見直しが教育界で進んでいる。これからの世界を生きる子どもたちに必要なのは，たとえば「主体的判断力」「批判的思考力」「問題解決力」である。「社会的実践力」「主権行使力」も重要である。アクティブ・ラーニングが必要なのは，従来の教育方法だけではそういった力を育てることが難しいからである。

　とは言え，能力観・学力観の検討だけでは，各教科で育てる教科内容の具体は見えてこない。アクティブ・ラーニングを授業で生かすには，能力観・学力観に基づいて各教科の内容を再構築していく必要がある。しかし，その再構築が十分進んでいるとは言い難い。本書ではその解明の切り口を示した。

　また，アクティブ・ラーニングの教育方法としての有効性についての教育界での検討も途上である。そのため，それを高めるための指導についての考察も十分でない。本書では「アクティブ・ラーニングを生かした探究型の授業づくり」として，それらをとらえなおし，その教育方法としての5つの優位性と，8つの指導のポイントを示した。アクティブ・ラーニングを成功させるための秘訣である。

＊

第1章「アクティブ・ラーニングで日本の授業が変わる」では，アクティブ・ラーニングを6つの要件でとらえていくことで，日本の授業が大きく変わることを提案した。特に「探究型授業」に焦点を当て検討している。

　第2章「アクティブ・ラーニングでどのような『学力』を育てるのか」では，アクティブ・ラーニングで育てたい「あたらしい学力」試案を提示した。それに基づく各教科の具体例も数多く示した。

　第3章「アクティブ・ラーニングがもつ5つの優位性」では，アクティブ・ラーニングという教育方法がもつ優れた面を5つに整理し提示した。「外言化」「異質性」「相互誘発」「弁証法的発見」などの創造性である。

　第4章「アクティブ・ラーニングが成功する教材研究の4つの視点」では，多面的で奥行きのある新しい教材研究の方法を具体例を交えつつ提案した。第2章の「あたらしい学力」を育てていくためには，これまで以上にレベルの高い教材研究が求められる。

　第5章「アクティブ・ラーニングが成功する8つの指導のポイント」では，「学習課題」設定の仕方，「グループ」指導の方法，「振り返り」のコツなど，アクティブ・ラーニングにとって必要な指導スキルを述べた。

　第6章「アクティブ・ラーニングを生かした小・中学校の探究型授業」では，実際に小・中で行われたアクティブ・ラーニングを生かした探究型授業の記録を紹介した。具体的な授業のイメージがつかめるはずである。

　第7章「授業研究システムでアクティブ・ラーニングの質を高める」では，先進的な共同授業研究のモデルを示した。この授業が成功している地域・学校では，例外なく質の高い共同研究が実現できている。

＊

　本書は直接には，小・中・高の先生方向けに書いたものである。しかし，大学の学部生・院生，研究者の方々にもお読みいただきたい。ここからまた新しいアクティブ・ラーニングの論議が始まることを望んでいる。

秋田大学　阿部　昇

目　次

はじめに

第1章　アクティブ・ラーニングで日本の授業が変わる

❶ 様々なアクティブ・ラーニングのとらえ方 ……………………… 7
❷ アクティブ・ラーニングをこうとらえると授業が変わる ……… 11
　　６つの要件で日本の授業を見直す
❸ アクティブ・ラーニングを生かした探究型授業の実際 ………… 17

第2章　アクティブ・ラーニングでどのような「学力」を育てるのか

❶ 阿部による「あたらしい学力」（試案）と教科内容 …………… 26
❷ 知識・方法（スキル）【比較的要素的な学力】D ……………… 28
❸ メタ認知力，問題解決力，構造的把握力，多角的認知力，論理的思考力，異化認知力【比較的複合的な学力】C ……………… 29
❹ 価値創造力，仮説設定力，批判的思考力，主体的判断力【主体的判断に関わる学力】B ……………………………………… 32
❺ 社会参画力，主権行使力【社会的実践に関わる学力】A ……… 39
❻ アクティブ・ラーニングを生かし「あたらしい学力」を身につけていく喜び ……………………………………………………… 43
❼ 「国語」を例にした学力モデル …………………………………… 44

第3章 アクティブ・ラーニングがもつ5つの優位性

外言化，異質性，相互誘発，共通性，弁証法的発見

❶ 外言化の機会が飛躍的に増える……46
　「言葉にする」ことの価値
❷ 多様で異質な見方を交流できる……52
　「違う」ことの価値
❸ 相互誘発型・相互連鎖型の新しい思考が生まれる……57
　「つながり高め合う」ことの価値
❹ 共通性・一貫性に向かう新しい思考が生まれる……61
　「同じである」ことの価値
❺ 相違・対立による弁証法的思考が生まれる……64
　「発見」という価値

第4章 アクティブ・ラーニングが成功する教材研究の4つの視点

❶ 言語に徹底してこだわること……71
❷ 構造的・文脈的に見ること……75
❸ 多面的・多角的に見ること……77
❹ 批判的・評価的に見ること……82

第5章 アクティブ・ラーニングが成功する8つの指導のポイント

❶ 「学習課題」の切れ味が問われる……90

❷ グループの話し合いの前に必ず「一人一人の思考」を保障する ……… 94
❸ 教師の「助言」が探究の質を左右する…………………………………… 96
❹ ここぞというところで子どもたちを「ゆさぶる」方法 ……………… 99
❺ グループの人数・組み合わせの方法 …………………………………101
❻ グループの話し合いの時間設定と回数が重要 ………………………105
❼ 司会=グループリーダーを決めて丁寧に指導する …………………107
❽ 「振り返り」で学びの質が上がり確かなものとなる …………………110

第6章　アクティブ・ラーニングを生かした小・中学校の探究型授業

小学校・国語，小学校・算数，中学校・国語の授業記録

❶ 小学校・国語　「徒然草」（兼好法師）の授業記録（5年）…………112
❷ 小学校・算数　「一筆書き」（グラフ理論）の授業記録（6年）………122
❸ 中学校・国語　「少年の日の思い出」（H・ヘッセ）の授業記録（1年）
　　　　　　　　………………………………………………………………132

第7章　授業研究システムでアクティブ・ラーニングの質を高める

「専門職」として授業力を確実に高める方法

❶ 「事前研究→ワークショップ→事後研究」の共同研究システム ……142
❷ 様々な「壁」を越えた授業研究の可能性 ……………………………150
❸ 授業研究の「日常化」を目指す ………………………………………152

おわりに

第1章
アクティブ・ラーニングで日本の授業が変わる

　「アクティブ・ラーニング」は，子どもたちが「アクティブ」に学んでいくことを重視する教育方法である。ただし「アクティブ・ラーニング」を「活動学習」「活動的学習」などと翻訳してはいけない。「活動」が強調されることになり，活発に子どもが動作したり話したり書いたりしていれば，それでアクティブ・ラーニングであるという思い込みが広がり，これまで繰り返され失敗してきた「活動主義」の陥穽にはまっていく危険がある。

　「アクティブ active」には，「活動」「活発」といった意味が含まれるが，同時に「自発的」「能動的」「積極的」「精力的な動き」といった意味もある。「能動」は「受動」「受身」の対義語である。ここで言う「アクティブ」は「活動」「活発」も含むが，より「自発的」「能動的」「積極的」といった意味に近いと考える方がよい。さらに言えば，子どもの主体的な探究を含んだ「自発性」「能動性」と見る方がよい。

　まず，現在，日本でアクティブ・ラーニングが教育の世界でどのようにとらえられているかを見ていく。そして，それらの検討の上に，今後アクティブ・ラーニングをどうとらえていったらよいか，これから必要となるアクティブ・ラーニングとは何かについて考えていく。

❶ 様々なアクティブ・ラーニングのとらえ方

　溝上慎一は，「アクティブラーニング」について次のように述べる。[注1]

> 一方的な知識伝達型講義を聴くという（受動的）学習を乗り越える意味での，あらゆる能動的な学習のこと。能動的な学習には，書く・話す・発表するなどの活動への関与と，そこで生じる認知プロセスの外化を伴う。

「認知プロセスの外化」は思考を言語化したり動作化したりすることである。一歩踏み込んだ定義であり評価できる。また「能動的な学習」も大切な要素である。ただし，それ自体は多くの小学校の授業では行われている。
　溝上は次のようにも述べる。(注2)

　　「書く・話す・発表するなどの活動への関与と，そこで生じる認知プロセスの外化を伴う」学習を少しでも採り入れていれば，それをアクティブラーニングと見なしていこう（中略）
　　学生が，ただ講義を聴くという状態を少しでも脱却するものなら，何だってよいと考えるのである

　教師の「講義を聴くという状態を少しでも脱却」し「外化」を「少しでも採り入れていれば」「アクティブラーニング」であるとすると，教師の一方的な説明・講義による授業を除けば，現在の小中学校のかなりの授業がそれを実現していることになる。今述べたとおり日本の多くの小学校では，子どもたちの「能動的な学習」「書く・話す・発表するなどの活動への関与」は行われている。中学校は小学校に比べればまだ子どもが受身という授業はあるが，「能動的」「活動への関与」は「言語活動」の充実等の提起により多くなりつつある。「外化」にしても，音楽や図工・美術，体育などはもともと「外化」そのものが授業の中核に位置づいている。国語や算数などでも，子どもが「書く」「話す」「発表する」ことが全くない授業の方が少ない。「ただ講義を聴くという状態を少しでも脱却するものなら，何だってよい」を小中の先生方が額面どおりに受け取るととまどいが生まれる可能性がある。
　重要なのは，何のための「能動」「活動への関与」であるかである。アクティブ・ラーニングによってどういう力を育てるかということである。後に詳述するが，今回のアクティブ・ラーニングの提起は，「学力観」「能力観」の見直し・更新に伴って提示されてきた教育方法である。その見直し・更新に関わってどういう「外言化」こそが求められているかが重要である。

溝上も「アクティブラーニング」は「トランジッションの課題解決」に貢献すべきものと述べ、「情報・知識リテラシー」を育てるべきと述べている。また溝上の「アクティブラーニング」は「活動あって学びなし」とは無縁であることも強調している。(注3) それらの説明とともにこれらの言葉を理解しないと誤解が生まれるおそれがある。

少し遡って2012年の中央教育審議会の大学教育に関する答申の中でもアクティブ・ラーニングを次のように定義している。(注4)

> 教員による一方向的な講義形式の教育とは異なり、学修者の能動的な学修への参加を取り入れた教授・学習法の総称。学修者が能動的に学修することによって、認知的、倫理的、社会的能力、教養、知識、経験を含めた汎用的能力の育成を図る。発見学習、問題解決学習、体験学習、調査学習等が含まれるが、教室内でのグループ・ディスカッション、ディベート、グループ・ワーク等も有効なアクティブ・ラーニングの方法である。

アクティブ・ラーニングは大学教育での改善方策の一つとして提唱され始めたという経緯がある。それが、今小中高の教育に持ち込まれようとしている。そういう中で「アクティブ・ラーニング」の様々な定義が飛び交い、小中高の現場でとまどいが生まれている。小学校、中学校、高校にとって必要なアクティブ・ラーニングとは何かより具体的に追究する必要がある。

文部科学省が中央教育審議会に「教育課程」について諮問した際のアクティブ・ラーニングの定義の方がまだ踏み込んでいる。(注5)（下線・阿部）

<u>課題の発見と解決</u>に向けて<u>主体的・協働的</u>に学ぶ学習

同じ文部科学省が2016年の学習指導要領改訂のために行った「論点整理」の際のアクティブ・ラーニングの定義はさらに詳しい。(注6)（下線・阿部）

> 習得・活用・探究という学習プロセスの中で，問題発見・解決を念頭に置いた深い学びの過程（中略）
> 他者との協働や外界との相互作用を通じて，自らの考えを広げ深める，対話的な学びの過程（中略）
> 子供たちが見通しを持って粘り強く取り組み，自らの学習活動を振り返って次につなげる，主体的な学びの過程

　これらには「協働的」「相互作用」「対話」が含まれている。「課題の発見」と「問題発見・解決」も含まれる。「振り返って次につなげる」ことも明記されている。ただし，これらだけでは現実の授業をどう変えていったらいいのかは，まだ十分見えない。
　松下佳代は「ディープ・アクティブラーニング」という言い方をあえてして，それを次のように定義する。(注7)

> ディープ・アクティブラーニング（deep active-learning：DAL）とは，学生が他者と関わりながら，対象世界を深く学び，これまでの知識や経験と結びつけると同時にこれからの人生につなげていけるような学習

　ここで注目すべきは「これまでの知識や経験と結びつけると同時にこれからの人生につなげていける」である。学びの文脈性，それも「これからの人生」にまで広げた文脈性である。重要なのは「深く学」ぶとはどういうことなのかの解明である。

❷ アクティブ・ラーニングをこうとらえると授業が変わる
―6つの要件で日本の授業を見直す

　これまでの「アクティブ・ラーニング」「アクティブラーニング」「ディープ・アクティブラーニング」「探究型学習」「問題解決型学習」などについての定義・条件・実践などを検討しながら，阿部はアクティブ・ラーニングを以下のように定義した。

> 　学習者が，自ら設定した課題について，異質な他者との対話・討論などの過程を通して，内言の外言化を重視しつつ試行錯誤，評価・批判，推理・検証，発見・創造などの探究と振り返りを行うことにより，「あたらしい学力」を身につけていく学びのあり方

　ここには次の6つの要件が含まれている。これら6つの要件が備わっていないとアクティブ・ラーニングではないということではない。アクティブ・ラーニングが目指すべき6つの要件である。

> ①「あたらしい学力」につながる教科（教育）内容を子どもたちに身につけることを目指していること
> ②自ら設定した「学習課題」を子どもたちが探究し解決していくこと
> ③対話・討論等により子どもたちが「異質な他者」と関わりながら探究していくこと
> ④子どもたちの「試行錯誤，評価・批判，推理・検証，発見・創造」などの探究過程を含むこと
> ⑤子どもたちが「内言の外言化」をより多く豊かに行っていくこと
> ⑥探究過程を子どもたちがメタ的に「振り返る」過程があること

　まず「①『あたらしい学力』につながる教科（教育）内容を子どもたちが

身につけることを目指していること」についてである。これまで考えられてきた「学力」を見直そうという動きがPISAなどをきっかけに出てきている。アクティブ・ラーニングは、それと連動してとらえていくべきものである。本稿ではそれを「あたらしい学力」と呼ぶ。

既に述べたようにアクティブ・ラーニングは、活気のない授業を活気のあるものにするというレベルでとらえるべきではない。アクティブ・ラーニングによって「子どもたちが積極的に授業に参加できるようになる」「コミュニケーション能力が身につく」などをそのねらいに含めること自体は間違いではなくとも、それだけでは大事なことを見失う危険がある。

「あたらしい学力」は、OECDのPISA（生徒の学習到達度調査）が重視している学力、その背景にあるOECDの「キー・コンピテンシー」、国立教育政策研究所が「21世紀型能力」として重視する学力、文部科学省が全国学力・学習状況調査「B問題」と関わり「活用型」と呼んでいる学力などと方向を同じくする。その学力を育てるためには従来の教育方法では限界がある。そこで必要とされるのがアクティブ・ラーニングである。

既に示されている新しい学力、能力、コンピテンシー等を検討しながら、「あたらしい学力」試案を作成した。最上位に「A社会参画力、主権行使力」を設定した。これは「社会的実践に関わる学力」である。次に「B価値創造力、仮説設定力、批判的思考力、主体的判断力」を設定した。これは「主体的判断に関わる学力」である。そして「Cメタ認知力、問題解決力、構造的把握力、多角的認知力、論理的思考力、異化認知力」を設定した。これは「比較的複合的な学力」と言える。最後にそれらを支えるべき学力として「D知識・技能（スキル）」を設定した。これは「比較的要素的な学力」である。従来型の学力観に近い。（この概念図とその詳細は第2章で示す。）

まず重要なのは「A」の「社会参画力」「主権行使力」である。いずれの教科も、このことを意識して各教科の内容を再構築する必要がある。たとえば、社会参画・主権行使のためには、社会、政治、経済、国際、歴史、科学・技術、文化・芸術などのあり方に主体的にアクセスできる力が必要であ

る。直接，自分がその仕事に関わるかどうかは別として，それらに一市民として一国民として主体的に参画し，主権を行使できる学力が必要となる。

　これは，PISA「読解力」の「効果的に社会に参加するため」の学力につながる。PISA「数学的リテラシー」の「建設的で積極的，思慮深い市民に必要な確固たる基礎に基づく判断と決定を下す」学力にもつながる。PISA「科学的リテラシー」の「思慮深い一市民として，科学的な考えを持ち科学が関連する諸問題に，自ら進んで関わる」ことのできる学力にもつながる。OECD「キー・コンピテンシー」の「社会参加のための学力」「民主主義への参加」「社会的不平等の削減」「平和の実現」などともつながる。

　そして，それを実現するためには「B」の「批判的思考力」「主体的判断力」が重要な意味をもつ。また，「価値創造力」「仮説設定力」も必要となる。「社会参画力」「主権行使力」の前提となるのは，ものごとを主体的に判断する力だが，そのためには「批判的思考力」とそれに基づく「主体的判断力」が必要となる。この「批判」は「非難」「中傷」などとは違う。対象を主体的に判定・評価することである。

　それを支える力が「C」の「メタ認知力」「問題解決力」「構造的把握力」「多角的認知力」「論理的思考力」「異化認知力」である。そして，それらの基盤には，「D」の「知識・技能（スキル）」がある。

　次に「②自らが設定した『学習課題』を子どもたちが探究し解決していくこと」である。取り組むべき学習課題が明確になることで，課題解決・問題解決に向けての子どもたちの共同の探究が動き出す。学習課題を設定しなくても授業は進行できる。ただし，その場合，教師の説明や教師の発問を中心とした授業になる可能性が高い。「教師待ち」の授業になっていく傾向にある。学習課題があることで，子どもを主体とした探究がより授業で展開しやすくなる。

　そして学習課題そのものも，子どもたちが主体的に設定できるようにしていくことが望ましい。子どもたちが，まだ学習課題を創り出す力がない段階ではもちろん教師が提示すればよい。また，教師の助言を手がかりに子ども

たちが学習課題を創り出すといった形でもよい。しかし，子どもたちが少しずつ力をつけていく中で，子どもたち自身が学習課題を設定できるように指導していくことが大切である。

「③対話・討論等により子どもたちが『異質な他者』と関わりながら探究していくこと」についてである。これはアクティブ・ラーニングを進めていく際の重要な指導方法である。これがなければアクティブ・ラーニングの提唱自体が意味をもたなくなる。第3章で検討してくアクティブ・ラーニングの優位性も，多くがこのことと関わる。

文部科学省も「協働」という形で重視している。松下佳代も重視している「相互作用」「対話」「他者との関わり」を，ここでは「異質な他者と関わ」ることとしている。あえて「異質」を位置づけた。「同質」がいけないというわけではないが，「異質」であることが，新しい発見や創造的な学びをより生み出しやすい。ここではあえて「対話・討論等」を位置づけた。異質な他者との討論が，弁証法的創造にもよりふさわしい。

「④子どもたちの『試行錯誤，評価・批判，推理・検証，発見・創造』などの探究過程を含むこと」である。これは，「③」と深く関連する。「試行錯誤」は「対話」の基本である。「迷い」「揺れ」「trial and error」などが繰り返し生まれ，そこから多面的な見方・考え方が生まれる。発見が生まれる。「評価・批判」は主体的な評価による自己決定であり，その過程で批判的思考が生まれる。批判のないところに発見・創造は生まれない。もちろんこれらの評価は，探究過程で修正をしたり変更をしたりすることも含まれる。「推理・検証」は対象への判断・批判に基づいて別の可能性を想定したり，自ら新しい仮説を創造したりしつつ，それを検証していく過程である。そして，それらの過程から「発見・創造」は生まれてくる。対象の検討と，それに基づく提案という大きな2つの要素を含む。実際の授業では，検討が中心になる場合もあれば，提案が中心になる場合もある。もちろん，それらが同時に含まれる授業もある。右のような要素を内包する「探究過程」がアクティブ・ラーニングでは必須である。そして，それらの過程は子どもたちにと

って，より学ぶ喜びを実感できるものである。

「⑤子どもたちが『内言の外言化』をより多く豊かに行っていくこと」についてである。「内言の外言化」もアクティブ・ラーニングでは必須要件となる。思考のための言語，自分のための言語である「内言」を重視しつつ，それを「外言化」する中で思考はより劇的な展開を見せる。（さきほど溝上の「外化」を評価したが，「外化」ではなく「外言化」こそが重要である。(注8)）

「内言」は，思考のための言語である。それは主語と修飾語の省略による述語主義の思考である。また長い概念は（ちょうどコンピュータの短縮言語のように）短く省略される。短縮である。さらにはその人独自の別記号化も行われる。前後の文脈性も暗黙の前提として表面には出てきにくい。そのため，内言による思考は見事に速い。私たちが一瞬で判断をできるのは，反射によるだけではない。内言が極めて速く働くからである。ただし，欠点もある。自分のための言語であるから意識化はあまり得意ではない。

それを「外言」として他者に伝えようとしても，「内言」のままでは伝わらない。省略されていた主語や修飾語を位置づけ直し，短縮・省略はもとに戻し。その人独自の別記号を多くの人が理解可能な記号に変換しないといけない。文脈性も一定程度明らかにしないと他者には伝わらない。さらには，外言の順序も考慮しないといけない。再構成である。だから，「わかっているんだけど，うまく言えない」ということがしばしば起こる。逆に「誰かに説明しているうちに自分でもだんだん自分が何を言いたいのかわかってきた」などということも起きる。

「内言の外言化」とそれによる対話が，試行錯誤を劇的に前進させ，判断・批判，推理・検証の過程を強く促進させる。それゆえに「発見・創造」が多様に生まれてくる。通常の授業でも内言の外言化は起こっている。しかし，アクティブ・ラーニングでは，子どもたちの外言化の機会が飛躍的に増える。質も高くなる。それゆえ多くの子どもがより主体的に授業に参加できるのである。

そして「⑥探究過程を子どもたちがメタ的に「振り返る」過程があるこ

と」である。授業の終末で，本時の探究過程をリフレクトする。これにより授業の「試行錯誤，判断・批判，推理・検証，発見・創造などの探究過程」をメタ的に見直し，学びを確かなものとしていく。

　まず，学習課題に対する解決・結論を，構造的板書を見ながら子どもと教師で振り返る。解決は１つとは限らない。そして解決・結論を教科内容としてより一般化する。たとえば「導入部の人物設定が，クライマックスで伏線として生きる」などである。これは別の教材にも応用できる教科内容である。次に授業の探究過程そのものを振り返り，そこで使った方法・方略を確認する。たとえば「『～考えた。』の３回の反復が効果的だって気がついた。」「２つの違った意見が出たから，討論していく中で読み方を４つも発見できた。」などである。さらに，探究過程を自分たちで再評価（批判）することもある。

　その上で，子どもたちがノートに自分の振り返りを書き，交流していく。

　これらの６要件のすべてを実現することはハードルが高いという見方もあるかもしれない。しかし，これらの６要件が直ちに揃わなければいけないということではない。目指すべき要件として意識し少しずつ改善していくことで，アクティブ・ラーニングがより実効性をもったものとなる。

　また，実際の授業のすべての時間でアクティブ・ラーニングを実践しなければいけないということではない。問答型，講義型，演習型などの授業が必要なくなるわけではない。これらの授業の中に一部アクティブ・ラーニング的要素を取り入れる時間もあるだろう。ただ，そういう授業の場合でもこれらの要件を意識することで，授業の改善が図られるはずである。

　以上の６要件は，これまでの日本の授業に不足していたものである。（海外でもきちんと実現できているわけでもない。）これらを重視しながらこれまでの授業を見直し，アクティブ・ラーニングを生かした授業を構築していく必要がある。授業のすべての時間で探究的なアクティブ・ラーニングを実践しなければいけないということではないと述べたが，単元の中のポイントとなる授業では是非アクティブ・ラーニングを生かした授業を行っていく必要がある。逆にアクティブ・ラーニングを核にして単元を組み立てていくこ

とが有効であるとも言える。

❸ アクティブ・ラーニングを生かした探究型授業の実際

　ここでは，秋田県など先進的な試みが行われている地域の典型的なアクティブ・ラーニングのモデルを紹介する。これは「探究型授業」などと呼ばれることが多い。(注9)

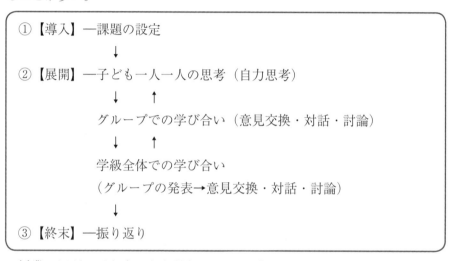

　授業の冒頭に子どもたちと教師で本時の「学習課題」を設定していく。必要な場合はこの学習課題設定そのものに時間をかける。ただし，はじめの段階では，教師が課題を子どもに投げかけることもある。
　その上で，その課題について，まずは子ども一人一人が思考を展開する。「自力思考」である。自力で十分に思考することが困難な子どもに教師は援助・助言を行う。すべての子どもが自分なりの考え（仮説）をもてた後に，4人程度のグループでそれを出し合い「意見交換」「対話」をしていく。時にはそれが「討論」に発展することもある。
　ある程度までグループでの話し合いができた段階で，各グループの状況を学級全体にグループの代表者が発表していく。それを教師と子どもで整理し，共通点，相違点，論争点を明確にする。その上で今度は学級全体での話し合

いである。学級全体でも討論になることがある。また，その整理の後に再度グループの検討に戻す場合もある。再度グループの検討に戻した後に学級全体で検討をするのである。

　グループの話し合いや学級全体の話し合いの過程でも，教師は必要に応じて助言し発問をしていく。あえて「ゆさぶり発問」をすることもある。また，重要点をピックアップして再度全体の課題として返すこともある。

　そして，授業終末で構造的板書を参照しながら，それまでの探究過程を振り返る。その上で，子どもはその振り返りを文章としてまとめ発表する。

　主体・協働・対話を重視した豊かな探究である。こういった探究によってより高次の試行錯誤，判断・批判，推理・検証，発見・創造が展開されていく。

　このモデルのポイントは，①課題の設定　②自力思考　③小集団での学び合い　④学級全体での学び合い　⑤学びの振り返り―である。学習の流れは様々でも，これらの要素が含まれていることが大切である。これらの要素を重視しつつ，その教科・単元・学習内容などにふさわしい多様なアクティブ・ラーニングの授業を創出していくことが望ましい。

（1）アクティブ・ラーニングを生かした国語の探究型授業

　たとえば次のような授業が，「探究」を重視したアクティブ・ラーニングの授業である。(注10)『奥の細道』（松尾芭蕉）の「立石寺」の部分を小学校5年生が読み深めていく国語の授業である。教材は，次の俳句である。

> 閑かさや岩にしみ入る蝉の声

　この直前に位置づく「山形領に立石寺と云う山寺あり。～佳景寂寞として心すみ行のみおぼゆ。」の文章も子どもたちは読んでいる。

　まず子どもと教師の対話の中で「学習課題」が決められる。教師が「この俳句で何か変だと考えられるところはないですか？」と問うた後である。

　子ども　「閑かさや」

教　師　どうして変なの？
子ども　本来は，「蝉」ってうるさいものなのに，なんで一番最初に「閑か」っていう言葉を入れているのか。
教　師　みんなも同じところですか。（うなずく子どもたち。）実際にはいっぱい鳴いているんだよね。でも，「閑かさや」と松尾芭蕉さんは感じました。学習問題になるかな。（教師は次を板書する。）

> 学習課題　なぜ「蝉の声」がしているのに「閑かさや」と詠んだのか。

（板書する。机間巡視をしながら子どもがノートに書き終えるのを待つ。）
その上で，子どもの**「一人一人の思考（自力思考）」**をまず促す。
教　師　まず自分の考えをもちましょう。何分ぐらい必要ですか。
子ども　3分。
教　師　では3分間，自分の考えをどうぞ。（3分を計測開始。）
教師は座席表を持ち，机間支援を開始。教室奥のグループから手前のグループと順に子どもの様子を見ながら，取り上げたい意見を座席表に書き込んでいく。子どもは，学習問題に対する考えをノートにまとめている。筆が止まっている子どもには，教師が助言をする。
次に**「グループでの学び合い」**である。
4人のグループだが，次のような話し合いが展開される。

【6班】の話し合い
子ども　「閑か」って何だろうね。「閑か」って。
子ども　普通の「静か」とは違うんじゃないのかな。
子ども　「閑」って，漢字違うよね。
　　　（国語辞典を調べ始める。）
子ども　「閑か」ってこっちじゃない。
子ども　世間の煩わしさをわすれるとか。

6班は「閑」という漢字にこだわり出している。

【8班】の話し合い
　子ども　一つの，自然の音としていいふうにとらえているんじゃないかなあと思います。
　教　師　普通の「しずか」と違うん，この「閑」は。
　子ども　まあ，その意味もあると思うんですけれどそういうところから離れたっていう意味で，すがすがしいところってことで，「蝉の声」もまた一つの自然としてとらえていて，そういうふうになったんじゃないかと。
　子ども　何か，普通に「静か」っていうよりは，同じしずかでも。
　子ども　蝉の声しか聞こえなくて，周りがすごい静かだと思う。

　8班は「しずか」にも複数のとらえ方があることに気づき出す。

　話し合い開始の4分後，「学級全体での学び合い」が始まる。
【学級全体】（それぞれ班の代表としての発言である。）

グループの話し合いの写真

　子ども　「閑」と「蝉の声」は正反対で，あと，「閑」ってもう一つ，「静か」もあるのに，なぜ，こっちを使ったかっていうのも迷いました。
　子ども　「静か」は，話し声が聞こえない，そういう「静か」とわかるんですけど。「閑」を調べたら，気持ちや態度が落ち着いている様て書いていたので，景色に集中しているというか，心が澄み切っていく，それが「閑かさ」に出ているんじゃないかと思います。
　子ども　この俳句の「閑か」の意味は物静かで落ち着いた様子というので，

　　　　青いに争うの「静か」では物の音が聞こえなくて静かっていうか音が聞こえない場合の静かなんです。この「閑か」っていうのは，落ち着いた様子っていうのもあるので，文章にもあるように「佳景寂寞」とか，そういうことを見てきた松尾芭蕉さんが，自分が今感じている「しずか」っていうのは，この漢字の閑か。なので，ただうるさく聞こえる普段の蝉も，この景色では落ち着いた様子で岩に染みわたっている感じで聞こえるんじゃないかと思います。

教　師　素晴らしいねえ。はい，どうぞ。

子ども　「清閑」の意味は世間の煩わしさから離れるっていうので，煩わしさから自然のところに行くと，蝉の声もこういう声もきれいな音としてとらえているんだと思います。

子ども　この「閑かさ」ってときは気持ちが落ち着いていて，自分の心がきれいに流されるような，そんなすっきりした状況では，普段はうるさいように聞こえる「蝉の声」も自然の一部で，きれいに聞こえるのではないかなあと思います。

　似たような読みとりだが，よく見ると連鎖しながら少しずつ新しい読みが加わり豊かになっている。「気持ちや態度が落ち着いている」「景色に集中している」「心が澄み切っていく」→「文章にもあるように『佳景寂寞』」「うるさく聞こえる普段の蝉も，この景色では落ち着いた様子」→「煩わしさから自然のところに行くと，蝉の声もこういう声もきれいな音としてとらえている」→「自分の心がきれいに流されるような」「普段はうるさいように聞こえる『蝉の声』も自然の一部で，きれいに聞こえる」——と重なりつつ発展している。

　この後，「しみ入る」の表現性への着目に入っていく。そして，最後に構造的板書を見ながらの**「振り返り」**である。時間の関係でこのときは子ども自身が自分たちの学びを「書く」ことは家庭でさせた。

（2）アクティブ・ラーニングを生かした算数の探究型授業

算数・数学の場合は、「問題」と「学習課題」が別に設定されることが多い。小６の「分数÷分数」の授業では、次のような「問題」が教師によって示された。(注11)

> 青ロボットさんは２時間で$\frac{4}{5}$ヘクタールの芝を刈ります。黒ロボットさんは、$\frac{1}{2}$時間で$\frac{1}{5}$ヘクタールの芝を刈ります。どちらのロボットに頼めばよいでしょうか。

そして学習課題は、次のようにした。今回は、子どもとの対話の中でなく、教師の提示である。

> 学習課題　１時間あたりどれくらい芝生は刈れるかで比べよう。

ここでも、まず子どもの「一人一人の思考（自力思考）」を促す。「３分間自分で考えましょう。」と指示を出す。教師は思考の切り口にとまどっている子どもに助言をしていく。

その後「グループでの学び合い」である。ここでは５分を設定する。

【２班】の話し合い

子ども　「２時間で$\frac{4}{5}$ヘクタールの芝」は、$\frac{4}{5}$を２で割ればいいから、$\frac{2}{5}$が答えだと思う。

子ども　式は？

子ども　$\frac{4}{5} \div 2$

子ども　「$\frac{1}{2}$時間で$\frac{1}{5}$ヘクタールの芝を刈ります」がよくわからない。

子ども　式はどうなるか？

子ども　同じにやれば、$\frac{1}{5} \div \frac{1}{2}$かな。

子ども　計算はどうする？

【7班】の話し合い

子ども　式は「$\frac{4}{5} \div 2$」と同じできっと「$\frac{1}{5} \div \frac{1}{2}$」だけど計算はどうする？

教　師　さっきの「$\frac{4}{5} \div 2$」はどうやってやった？

子ども　ええと，$\frac{4}{5}$の半分だから$\frac{2}{5}$かな。

子ども　計算は，この4を2で割る。

教　師　かけ算に直せない？

子ども　……。

教　師　それなら，まずは「$\frac{1}{2}$時間で$\frac{1}{5}$ヘクタールの芝を刈ります」の式を作ってみて。

【8班】の話し合い

子ども　$\frac{1}{2}$時間は30分だから，1時間にするには2倍すればいいと思う。

子ども　計算はどうする？

子ども　「$\frac{4}{5} \times 2$」でいい。

子ども　だと，こっち（$\frac{1}{2}$時間で$\frac{1}{5}$ヘクタールの芝を刈ります）は？

8班は「$\frac{1}{2}$時間は30分」から考えを構築している。

話し合いの後，「学級全体の学び合い」が始まる。

「学級全体での学び合い」が始まる。

【学級全体】

それぞれ班の代表が小ボードに自分たちの考えを書いて説明する。

子ども　こっちは2時間を1時間にするから「$\frac{4}{5} \div 2$」答えは$\frac{2}{5}$です。こっちは$\frac{1}{2}$時間は30分だから，1時間の刈る広さは2倍すればいいので「$\frac{1}{5} \times 2 = \frac{2}{5}$」です。（A）

子ども　「2時間で$\frac{4}{5}$ヘクタールの芝を刈ります」は「$\frac{4}{5} \div 2$」で，$\frac{4}{5}$を2で割りました。かけ算にしてみると，2で割るは$\frac{1}{2}$をかけると同じだから「$\frac{4}{5} \times \frac{1}{2}$」です。同じように「$\frac{1}{5} \div \frac{1}{2}$」もかけ算に直すと

$\frac{1}{2}$を逆にして，2で割るは「$\frac{1}{2}$」をかけると思って「$\frac{1}{5} \times 2$」で答えが「$\frac{2}{5}$」です。

（同様の説明が続くが，「$\frac{1}{2}$時間は30分」だから「$\frac{1}{5} \times 2 = \frac{2}{5}$」（A）の説明が多い。そこで教師は話し合いの指示を出す。）

教　師　こちらの考え方を「A」，こちらの考え方を「B」としましょう。Aは多いので，ここではBが本当にこの計算でいいのか，話し合ってみましょう。どうぞ。3分でいいかな。

（3分後，学級全体の話し合いが始まる。）

子ども　「$\frac{1}{5} \div \frac{1}{2}$」を数直線にすると，$\frac{1}{2}$のときの面積が$\frac{1}{5}$ヘクタールだから，1のときはその2倍になるから「$\frac{1}{5} \div \frac{1}{2}$」の答えは$\frac{2}{5}$でいいと思います。

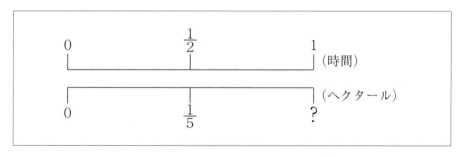

子ども　ぼくたちはこういう数直線を作りました。$\frac{1}{2}$を1にするためにこの「$\frac{1}{5} \div \frac{1}{2}$」を出したのだから，この$\frac{1}{2}$を1にするということはつまり2倍することと同じなので，「$\frac{1}{5} \div \frac{1}{2}$」は「$\frac{1}{5} \times 2$」と同じことだから，答えは$\frac{2}{5}$で合ってます。

数直線を途中まで作っていたグループに教師が少し助言をして，上のような二重の数直線ができあがった。これをきっかけに「分数で割る」ことの意味を子どもたちは少しずつ理解していった。

この後，教師は既に学習している「逆数」を指摘し，「分数で割る」ことの意味を別の例で確認した。そして板書を見返しながら**「振り返り」**を行った。この後，類題を子どもたちに取り組ませ授業を終えた。

第1章のポイント

アクティブ・ラーニングの6つの要件

① **「あたらしい学力」**としての**教科(教育)内容**を身につける
② 自ら設定した**「学習課題」**を探究し解決していく
③ 対話・討論により**「異質な他者」**と関わり探究する
④ **「試行錯誤,評価・批判,推理・検証,発見・創造」**などの探究
⑤ **「内言の外言化」**がより多く豊かに行われる
⑥ 探究過程をメタ的に**「振り返る」**

アクティブ・ラーニングを生かした探究型授業モデル(例)

① 【導入】—課題の設定
　　　　↓
② 【展開】—子ども**一人一人の思考(自力思考)**
　　　　↓　↑
　　　グループでの学び合い(意見交換・対話・討論)
　　　　↓　↑
　　　学級全体での学び合い
　　　(グループの発表→意見交換・対話・討論)
　　　　↓
③ 【終末】—**振り返り**

第2章
アクティブ・ラーニングでどのような「学力」を育てるのか

　第1章で述べたように「アクティブ・ラーニング」は，ただ新しい教育方法であるとだけとらえてはいけない。子どもたちに保障すべき学力についての見直しと必然的に関わる形でとらえるべきである。この章ではアクティブ・ラーニングを通して子どもたちに保障すべき学力について考えていく。

　ここ最近様々な学力の見直しが行われてきている。OECDよる「キー・コンピテンシー」，国立教育政策研究所による「21世紀型能力」，文部科学省教育課程特別部会の「論点整理」の中でも新しい学力観が紹介されている。また石井英真など研究者による提案もある。それらを踏まえつつ阿部による「あたらしい学力」（試案）を作成した。

　特に日本国憲法にある「全世界の国民が，ひとしく恐怖と欠乏から免れ，平和のうちに生存する権利」（前文）を実質的に保障するための学力，「主権が国民に存すること」（前文）「基本的人権の享有」（11条）「生命，自由及び幸福追求に対する国民の権利」（13条）などを実質的に保障できる学力という観点を重視して試案を作成した。また教育基本法にある「良識ある公民として必要な政治的教養」（14条）を育てることも意識した。さらにOECDのDeSeCoメンバーが「キー・コンピテンシー」を定義する際に重視すべきとしている「民主主義への積極的な参加」「投票権の行使」「社会的決定への参画」「社会的不平等の削減」「差別のなさ」「社会正義」「人権」「人道主義的価値観」「国際的な平和と連帯」なども意識している。(注12)

❶ 阿部による「あたらしい学力」（試案）と教科内容

　阿部が作成した「あたらしい学力」（試案）は次頁のとおりである。(注13)
　これらは，アクティブ・ラーニングの具体的な実践を前提に，それに有効な枠組みであるという観点を重視している。（A～Dの学力は一部重なる部

```
┌─────────────────────────────────┐
│     あたらしい学力（試案）の枠組    │
│  ┌───────────────────────────┐  │
│  │ A  社会参画力　主権行使力  │  │
│  │   【社会的実践に関わる学力】│  │
│  └───────────────────────────┘  │
│  ┌───────────────────────────┐  │
│  │ B  価値創造力　仮説設定力  │  │
│  │    批判的思考力　主体的判断力│ │
│  │   【主体的判断に関わる学力】│  │
│  └───────────────────────────┘  │
│  ┌───────────────────────────┐  │
│  │ C  メタ認知力　問題解決力  │  │
│  │    構造的把握力　多角的認知力│ │
│  │    論理的思考力　異化認知力 │  │
│  │   【比較的複合的な学力】    │  │
│  └───────────────────────────┘  │
│  ┌───────────────────────────┐  │
│  │ D  知識・方法（スキル）    │  │
│  │   【比較的要素的な学力】    │  │
│  └───────────────────────────┘  │
└─────────────────────────────────┘
```

分もあるし相互に深く関連し合う。）

　まず「コンピテンシー（competency）」「資質・能力」「能力」でない「学力」とした点について述べる。「資質・能力」は最近では「コンピテンシー（competency）」の訳語として使われている。これまでの能力観、学力観との差違を際立たせるためにあえて使うという積極的な姿勢は理解できるが、まず「コンピテンシー」そのものの定義・解釈は人によって大きく差違がある。また、日本語の訳語として「資質」が入っていることにも違和感がある。「資質」には様々な意味が含まれるが、その中心的な意味の一つに「生まれつきの能力」がある。その意味から「資質」を使うことにためらいをもつ。「能力」あるいは「学力」が適当と考える。

そして，本書ではアクティブ・ラーニングを，教科教育及び（教科横断的な）総合型授業で生かすべき教育方法として位置づける。それらの授業で学習することによって身につく「力」という意味で，ここではあえて「学力」を使う。

とは言え，「あたらしい学力」の中のA「社会参画力」「主権行使力」については，たとえば自治的な能力など生活指導などの教科外教育と密接に関わる。そのことの重要性も認めた上であえてここでは教科教育や総合型の授業における「学力」に限定して考えていく。

これまで「コンピテンシー」「21世紀型能力」などを論じる場合，抽象度の高い能力・学力が語られることはあっても，各教科の内容の具体にまでつなげていくという観点が弱かった。「あたらしい学力」は各教科の内容の具体につなげていくことを強く意識している。それが解明されてこそ，アクティブ・ラーニングが生きる。（なお「あたらしい学力」には「関心・意欲・態度」などの要素はあえて取り立てて位置づけなかった。）(注14)

❷ 知識・方法（スキル）【比較的要素的な学力】D

「あたらしい学力」と言っても，従来型の学力をすべて否定したり軽視するものではない。「D」は，比較的要素的な知識や方法（スキル）である。国語における基本的な知識，漢字や熟語・故事成語の意味，文法，文学史，物語・小説ならば語句や文の意味の理解，「どんな登場人物がいるか」「出来事のあらすじは何か」を把握する方法などもそれにあたる。また，基本的な音声言語での説明や対話の方法，文章での説明の方法なども含まれる。算数・数学科では，九九が暗唱できる，因数分解が解ける，三角関数が解ける，基本的な応用問題を解くなどでである。算数・数学的なの基本的知識なども含まれる。理科でも，元素記号が理解できている。太陽と地球と月の周期について知っているなどである。社会科でも，「1600年の関ヶ原の戦があった。」「1945年に日本がアジア・太平洋戦争で負けた。」などを知っているということである。

それらは,「C」「B」「A」の学力を育てる際に是非必要である。たとえば,九九の計算や基本的な数式の計算ができなかったり,「満州での日本の支配の年と米国が石油輸出を禁止した年のどちらが先か」を知っておくことも,「C」「B」「A」の学力を育てる際に重要な意味をもつ。

❸ メタ認知力,問題解決力,構造的把握力,多角的認知力,論理的思考力,異化認知力【比較的複合的な学力】C

「C」から従来型の学力を超える要素が含まれる。要素を組み合わせ関連させるより複合的・総合的な学力である。アクティブ・ラーニングという教育方法の必要性が特に高くなるのが「C」からである。アクティブ・ラーニングにおける「課題設定」の力もここに位置づく。

国語では,文学作品の全体の構成・構造を意識しながらプロットの仕掛けを読み込んでいくなどの学力である。これまでの授業は場面ごとの読みとりはしても作品全体を俯瞰する学習が弱かった。全体の中での各部の意味をとらえ事件展開の一貫性や変化を俯瞰的にとらえる指導は十分には行われていない。たとえば作品の「山場」を意識し作品の結節点としてのクライマックスを探し出しその意味を読み深めるなどである。複数のクライマックスの可能性を比較・検討していく中で,作品のプロットの仕掛けを解明していくなどの学習が対応する。さらには導入部の人物紹介の伏線性に気づいたり,展開部の事件展開が伏線になっていることに気づくことも重要である。レトリックに着目し,その効果をメタ的に解読することも重要である。語り手を意識し作品の「語りの構造」を読む力も含まれる。そして,それらを総合しながら作品の主題を複数発見していく。上記の過程では,随時文章化を試みていく。最終的に作品の主題についての文章化が必要となる。

説明的文章では,全体の構成・構造と各部分とを有機的に関連させながら様々な論理を読み込んでいくなどの学力である。仮説と論証の関係を見抜く,俯瞰的に論理の流れ(思考の流れ)を把握する,説得力を増すために使われている論理的な工夫などを把握するなどの学力も含まれる。ここでも読んだ

ことを論述する力が重視される。

　文学作品も説明的文章も，自らの読みの過程（思考過程）をメタ的に振り返りながら，そこで見いだした新たな読みの方略のメタ化も含まれる。

　算数・数学では，その計算式の意味や原理を言葉や図などを使ってわかりやすく説明するなどの学力である。その説明の仕方を比較・検討する，一つの課題に対してできるだけ多様な方法で解決を試みるなども含まれる。たとえば「分数÷分数」の計算では「なぜ割る分数の分母と分子を逆にしてかけるのか」を検討し，言葉と図などを使いながら原理をわかりやすく説明してくという学習が対応する。算数・数学における演繹的・帰納的思考，具体と抽象（一般化）の関係を把握すること，算数・数学における推理・論証の関係を把握すること，類推的な見方ができることなどに関わる学力も含まれる。

　歴史では，たとえば複数の歴史事象相互の関連性を把握できる縦軸の学力などの学力である。同時代の社会，経済，政治，国際，文化等の複数の要素との関係で歴史的事象をとらえること（同時代的文脈），その事象について研究者によって見解が違うことを学び多面的に事象を検討することも含まれる。また，ある事象についての歴史記述の書かれ方の差違，語彙選択の差違などを，複数のテキストを比較・検討することも含まれる。歴史記述がどのように成り立っているかをメタ的に認識する学力である。

　1945年の沖縄戦が，教科書でどのように記述されているかを検討することなどもここに含まれる。複数教科書の記述の比較である。沖縄戦ではアメリカ軍による攻撃，日本軍による沖縄県民の殺害，ひめゆり学徒隊など学生の状況や行動，日本軍による集団自決の強要，戦艦大和の出撃と沈没，特攻隊の出撃や状況，県民の死亡率（4分の1に及ぶ）など様々な出来事からどれを歴史記述の「事実」として取捨選択しているかを意識的にとらえていく力である。また，事象についての呼称の差違を認識する力もここに含まれる。たとえば，1899〜1900年の中国での義和団による一連の出来事を「義和団事件」と呼ぶか，「義和団運動」と呼ぶかでは大きく意味が違ってくる。

　呼称にはそれを言説化した主体のものの見方・考え方が含まれていること

を認識する力である。(これが「歴史記述の妥当性の評価」に進めば,「B」の「批判的思考力・主体的判断力」「価値創造力・仮説設定力」につながる。) 現代社会の経済分野で,たとえばTPPは世論を二分する問題である。それについての様々な立場の見解を知ること,それを比較・検討することが重要な学習である。TPPにはメリットとデメリットがある。同じメリット・デメリットでも,生産者と消費者ではその内実が変わってくる。同じ生産者でも職種や地域によっても変わってくる。また,TPPには当面の利益・不利益を超えた国際的な背景もある。そういったことを多面的・総合的に学習することで身につく力がここには含まれる。これに基づいて自分の当面の判断を示していく場合は,さらにリサーチが必要となる。

　理科では,課題に対して仮説を立て実験でそれを検証していくなどの学力である。実験結果と仮説に相違やズレがある場合,そこにどういう問題があったかを推理することも含まれる。また,それらの仮説→実験→考察といった過程を言葉やデータなどによってわかりやすく説明していくことも含まれる。また,説明の仕方に相違がある場合,それらを比較・検討することも含まれる。理科的な事象について複数の見解がある場合,比較・検討することも含まれる。社会の評価を二分しているような課題についても,丁寧なリサーチを行いつつ比較・検討する。たとえば原子力発電の存廃については,今,科学的な問題として社会で世論を二分している。そういうときにその「二分」のそれぞれの主張と根拠を取り上げ,比較・検討する。

　「問題解決力」は,たとえば「○○丁目に公民館を建設しようとする場合,どういう手順と手続きを踏むことで実現できるか」といった実践的な課題を子どもたち自身に探究させていくといったアクティブ・ラーニングの授業が構想できる。もちろんこの場合も,その「問題解決」に関わる下位の学力要素を明確にする必要がある。社会科的な学力,理科的な学力,国語的な学力などである。これらは授業としては「総合的な学習の時間」などに適している。

　Cの学力要素を若干解説すると「異化認知力」はそれまでの視点・視角・視座をずらしたり逆にしながら認知する学力である。差違を重視した認識や,

文学で語りの視角を変えたり語り手を入れ替えたりしながらの認知である。「論理的思考力」は筋道立った思考，矛盾を乗り越える思考，より明確な根拠に基づく推理などを含む学力である。たとえば仮説─論証の関係の把握，帰納的認知・演繹的認知，具体と抽象の往還，特殊と一般の往還，原理・法則の推理，分析と総合などを含む。「多角的認知力」は様々な角度から対象をとらえ直し解釈し直しながら，多様な見方・解釈を創り出していく学力である。「異化認知力」と重なる。多角・多様はアナーキーな恣意とは違う。根拠に基づく多角・多様である。多角・多様には，複数の見解等を吟味しつつそれらを確認し合う場合と，「B」の批判的検討に発展させ自らの立場を明確にしていく場合など様々がある。「構造的把握力」は部分にこだわりつつ全体を俯瞰し構造相関を把握したり，全体構造と部分の関係を意識したりする学力である。「問題解決力」は現状把握と解決方略を駆使しながら，課題とを解決する学力である。そして「メタ認知力」は，上記の力を含む様々な思考・認知・認識のあり方自体を，メタ的に認知する力である。自らの異化認知，論理的思考，多角的認知，構造的把握，問題解決のあり方・方略そのものを一つ上の審級から見直し再認識し再構造化する学力である。

❹ 価値創造力，仮説設定力，批判的思考力，主体的判断力 【主体的判断に関わる学力】 B

　そして，「B」である。「C」に関わる学力を育て発展させていく中で「批判的思考力・主体的判断力」を育てていく。そして，その批判・判断を生かしつつ「価値創造力・仮説設定力」つまり，自ら新たな見方の可能性を提案したり，仮説を提示したりする力を育てる。これまでのアクティブ・ラーニングの研究でも実践でも，この批判や主体的判断が中心に据えられていない傾向にある。アクティブ・ラーニングでは，この要素は不可欠・必須である。

　「批判的思考」と「主体的判断」とは表裏である。批判的思考なしに主体的判断力は成立しえない。また，主体的判断につながっていかない批判的思考では意味が薄い。ここで言う批判とは「欠点をあげつらう」といった意味

ではなく，対象を丁寧に検討し評価できる点と不十分な点とをしっかりと見分けることである。だから，対象を主体的に判断することと，批判的に見ていくこととはほぼ重なる。ただ，実践的には「批判」は検討段階，「判断」はそれに基づく判定と見ることもできる。また，それをさらに提案，対案，仮説へとせり上げていくことも必要である。

　CとBの学力は特に連続的要素をもつ。だから，概念図では枠を同じとして実線で仕切りだけとした。逆に2つを分けたのは，Cの学力とBの学力を分けておいた方が実践構築に有効と考えたからである。また，Bの批判とそれに基づく主体的判断の重要性を際立たせるためでもある。

　国語の文学作品では，「C」の構造的把握，メタ的把握を前提としながら，作品の語りの構造についての評価，別の語りの可能性を想定しつつオリジナルの語りについての評価，作品の人物設定や事件展開についての評価，作品の主題についての評価，そして作品そのものについての多面的評価がある。文学作品を批判的に読む力に関わり次のような方法が重要となる。(注15)

1　語り手に注目して吟味・評価する
  (1)　語り手を替えることによる吟味・評価
  (2)　語り手と人物との関係を替えることによる吟味・評価
2　人物設定と事件展開などに注目して吟味・評価する
  (1)　人物設定を替えることによる吟味・評価
  (2)　事件展開・人物像の見直しによる吟味・評価
  (3)　事件展開を替えることによる吟味・評価
3　構成・構造，題名に注目して吟味・評価する
  (1)　ストーリーは変えずに構成・構造を替えることによる吟味・評価
  (2)　題名を替えることによる吟味・評価
4　海外作品の複数翻訳，改訂版・異本等の比較により吟味・評価する
5　作品を総括的に吟味・評価する—主題，思想，ものの見方・考え方の総括的な吟味・評価

「5」は教科書の作品，古典的な作品（古典・近代を含む），現在書店に流通している作品などについての多面的評価となる。「芥川賞作品についての批評」「なぜ日本の近現代文学には社会性が希薄なのか」なども含まれる。
　説明文・論説文における構成・構造の妥当性についての評価，論理展開についての評価，特に論説文については仮説と論証過程の妥当性についての評価などが含まれる。論理的工夫についての評価も含まれる。
　説明文・論説文における「批判的思考」のための方法を私は，6つのカテゴリー，24の方法に分類している。これらに習熟する中で「B」の学力が身についてくる。6つのカテゴリーのみを紹介する。(注16)

1　選ばれた語彙・表現の妥当性を吟味する
　　語彙・表現に曖昧性・恣意性はないか。比喩や専門用語に問題はないか。程度・限定の表現が不正確でないか。―等の吟味
2　「事実」の現実との対応・「事実」の曖昧さを吟味する
　　誤解を与える「事実」提示はないか。「事実」提示に誇張・矮小化はないか。―等の吟味
3　「事実」の取捨選択の妥当性を吟味する
　　「事実」選択に過剰・不足はないか。「事実」選択に非典型性はないか。―等の吟味
4　根拠・解釈・推論の妥当性を吟味する
　　他の根拠・解釈・推論可能性を無視していないか。隠された（見落とされた）推論の前提となる「事実」「法則」「価値観」はないか。必要条件・必要十分条件を混同して推論をしていないか。因果関係の記述に問題はないか。―等の吟味
5　ことがら相互・推論相互の不整合を吟味する
　　同じ語彙・表現で示されていることがら（事実・概念）相互に不整合はないか。同じ対象を指し示しているはずの語彙・表現相互に不整合はないか。解釈・推論相互に不整合はないか。仮定・相対を

既定・絶対と混同したりすり替えていないか。—等の吟味
6　表現・事実選択・推論の裏にある考え方・ねらい・基準を吟味する
そのものの見方・考え方やねらい・基準は，誰が歓迎し誰の利益につながるか。筆者はなぜ，どういった理由（事情・条件）からそういう書き方をしたのか。—等の吟味

　上記の批判や判断に関わり，対話・討論ができたり自分の批判や評価・判断を根拠に基づいて説得的に論述する学力もここに含まれる。
　歴史であれば，特定の歴史事象や歴史事象の関連性などに関する複数の見解について，様々なリサーチや討論を経て自分自身の判断・見解をもつための学力も含まれる。フィンランドのユバスキュラ大学のティーナ・シランデル教授は，「フィンランドの歴史の授業では，小学生でも中学生でも，みんな『小さな歴史学者』になります。一つの歴史の出来事でも，様々な見方・様々な評価があることを知って，自分で様々に調べる。そして，他の人と議論をしながら，自分なりの見方を創り上げていきます。」と述べている。[注17]
　さきほど挙げた沖縄戦の記述であれば，アメリカ軍の攻撃まではどの記述も選択するとしても，①日本軍による沖縄県民の殺害　②日本軍による集団自決の強要　③ひめゆり学徒隊などの状況　④戦艦大和の出撃と沈没　⑤県民の死亡率のことなどについての取捨選択は，記述によりかなり差違がある。それらを意識的にとらえ，沖縄戦の歴史記述としてどの記述がより妥当性が高いかを判断する力である。「公平にすべて選択すべき」という見方が出がちだが，それはありえない。限られた頁数・字数の中で，何をこそ選択し，また選択しないかは必ず書き手に迫られる。それは歴史を含め「事実」の記述では必然である。その際に問われるのは書き手の取捨選択の規準である。そこまでを見通した評価・判断を行っていく学習であり，そのために求められる学力である。もちろん，それによって育っていく学力とも言える。
　同じ歴史事象でもそれをどのように記述するかについての妥当性の判断も重要である。「C」で例示した1899～1900年の義和団による一連の出来事を

「義和団事件」と呼ぶか,「義和団運動」と呼ぶかについて, 検討し評価していく力である。ここには当然批判的思考力が深く関わる。「事件」と「運動」では, その意味が大きく違う。書き手のこの事象への評価の違いがそこに内包されている。「争う・犯罪・騒ぎ」など「人々の関心を引く出来事」という意味がある。否定的なニュアンスがより色濃く含まれる。一方「運動」は「目的を達成するために積極的に行動する」といった肯定的なニュアンスが色濃い。辞典の事例でも「事件」は「盗難事件」「事件記者」等,「運動」は「緑化運動」「自然保護運動」等が挙げられる。こういった検討では資料や文献をリサーチする学習が同時に求められる。一定程度は教師が資料等提示してもよいが, 後は子どもたちがリサーチしながら比較・検討し, その時点での判断をそれぞれが下すのである。その後の討論も大切である。

　同じく「C」で取り上げたTPPについても, リサーチをしながら多様に比較・検討をし, その時点でのTPPに「賛成」「反対」「条件付き賛成」「条件付き反対」などの判断を子どもたちが下す。そして再度学級で対話・討論し, 新たに見えてきた新たな論点を再度リサーチしていく授業が構想できる。

　理科では, さきほど「C」で取り上げた, 対象・事象についての複数の教科書記述の比較・検討, 特にその賛否・是非をめぐって見解が分かれる科学的事象についての比較・検討の延長線上にこの「B」が関わる。様々な教科書記述を比較・検討し, 必要に応じて別の資料も検討し, その上でその時点でより記述の妥当性を自ら判断していく力がこの「B」である。たとえば原子力発電について, それぞれの主張と根拠を比較・検討した上で, これもまたさらに必要な情報を集めリサーチし, その上でその時点で原子力発電に「賛成」か「反対」か,「条件付き賛成」か「条件付き反対」か,「当面は稼働し〇〇年以内に完全廃炉」か「ただちに廃炉」か, などを判断していくことができる力も大切な「B」の学力である。これは, 遺伝子組み換え問題, クローン問題などでも同様である。さきほども述べたとおり「専門家に任せておけばいい」「専門外の者は素人なのだから, 余計な口を出すべきでない」

という考え方は，民主主義の否定につながる。

　算数・数学であれば，これも「C」で取り上げた計算の意味や原理，証明についての説明をしていく際に，それらを比較・検討しながらよりよい説明を根拠をもって見つけていく力である。妥当性の判断である。また，グラフなどの解釈を評価する力も含まれる。OECDのPISAの「数学的リテラシー」で次のような問題がある。(注18)

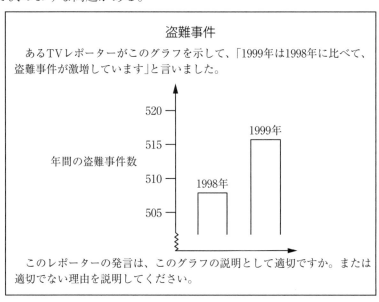

　これは「適切でない」のだが，なぜ適切でないかを説得的に答える必要がある。グラフは確かに1998年に比べ1999年は倍以上の長さになっている。「激増」と言いたくなる。しかし，丁寧にグラフを見ると，縦軸の横の下部に「505」とあり，さらにその下にジグザグの線がある。これは0～500を省略している意味である。こういうグラフの示し方は実際にもありこれ自体は間違いとは一概に言えない。ただし，ここで0～500を復元してこのグラフを作り直してみると，1998年と1999年のグラフの長さの差違はわずかしかないことがわかる。もう一つ実数を数えてみる方法もある。1998年は数えるとだいたい508件程度の盗難事件数である。1999年はだいたい516件である。そ

の差はわずか8件程度である。500件以上の盗難件数の中の8件程度の増加を「激増」言うことには無理がある。こういったグラフの解読によって批判的思考力が育つ。

　また，数学における代表値なども，実際には批判的に検討しないと危ういというものもある。たとえば「A社の社員の平均株保有数は660株である。だから，社員に多くの株を与えている会社の配慮が読み取れる。」といった解説があった場合も，「平均」に注目する批判的思考力が重要である。たとえば，実際に調査してみると，社員の大部分は一人当たり50程度の株しか保有していなかったということがある。たとえば，特定の社員が株のほとんどを保有している場合，それ以外の大部分の社員はわずかの株しか保有できない場合がある。社長も社員の一人と考えれば特定の社員は社長かもしれないし，特定の社員が社長の親族であるかもしれない。こういう場合は，平均値がかえって実際の状況を見誤らせる危険がある。偏差値などの代表値も，その状況によっては，かえって現実を誤解される危険がある。

　また，茨城竜ヶ崎地域の清掃工場の排気ガスの影響で，周辺住民の血液中のダイオキシン濃度が高くなっているということが問題になったことがあった。当然，その測定が行われたのだが，測定主体によってそのデータが全く違っていた。茨城県の調査による住民の血液中のダイオキシン類の濃度は24ピコグラム（1ピコは1兆分の1）であった。しかし，住民側が依頼した大学グループの調査では460ピコグラムであった。その後の再度の大学グループの調査でも519ピコグラムである。20倍も違う。これは，たとえば血液提供者の違い，サンプル数の違い，層的時期の違い，さらには濃度測定の溶液の違い，分析方法の違いなどによる可能性があるが，いずれも「客観的」なデータで意図的にデータをすり替えたわけではない。当然，こういう場合は，様々な状況を批判的に再検証する必要がある。これは，算数・数学的な課題というだけでなく，理科的な課題でもある。[注19]

　英語でも，たとえば「Convention on the Rights of the Child」を「子どもの権利条約」と翻訳するか「児童の権利条約」と翻訳するかは大きな問題で

ある。「どちらも間違いでないからよい」という話ではない。「児童」とした場合，この権利の対象が18歳未満であることを誤解される恐れがあると見るか，「児童」という用語は法律によってまちまちなのだから「児童」でも問題ないと見るか，極めて論争的である。この差異を取り上げ検討し論議し自らの判断を創り出すという学びは「B」の学力を育てる上で重要である。

批判的検討とそれに基づく主体的判断の延長線上に「価値創造力」「仮説設定力」がある。批判し否定的な判断をした場合，それに替わる新しい意見・見解，方法・方略を提案することが重要である。仮に肯定的判断の場合でも，創造的な意見・見解，方法・方略を付け加えることも意味が大きい。

アクティブ・ラーニングの授業では「B」に関わる学力を育てる場合，（教師も含め）子ども相互で自分の見解を押しつけないこと，多様な見解を出し合い対話・討論を重ねていくこと，それらを通し（その事件での仮の）自分の見解を必ずもつことなどを重視する必要がある。

❺ 社会参画力，主権行使力【社会的実践に関わる学力】A

そして「A」の「社会参画力」「主権行使力」である。社会参画・主権行使のためには，政治，経済，国際，歴史，科学・技術，文化・芸術などのあり方に主体的にアクセスできる力が必要である。直接，自分がその仕事に関わらない場合でも，それらに市民として国民として主体的にアクセスし参画し，主権を行使していくための学力が必須となる。ここにはこれまで以上の対話・討論，合意形成等の学力も関わる。

政治的・経済的・国際的な側面としては，OECDの「キー・コンピテンシー」で重視される「政治活動への積極的な参加」「社会的政治的な参加の拡大」などと深く関わる。「異なる反対意見を考慮して決定できる包容力」「公正な社会を創り出す」ことへの「貢献」ともつながる。そして，それらの前提には，「批判的なスタンス」が必要となる。そして，そのための「批判的なスキル」「批判的に解読する方法」「方略」などが是非必要となる。だから，これは「B」レベルの学力と密接な関係にある。

ここであえて「主権行使力」を位置づけた。すべての国民による主権行使は民主主義にとって必須のことである。主権行使するためには，社会の有様を十分に認識する必要がある。だから，政治，経済，国際，歴史，科学・技術，文化・芸術などの深層に主体的にアクセスできる力が必要なのである。

　民主主義が実質的に機能するためには，専門的な事柄であっても「素人」である国民にも十分に理解可能なように，そして批判的に関わることができるように保障していくことが大前提となる。「素人には理解できない」「専門家に任せるしかない」「専門家に任せておけばいい」という状態は，民主主義の実質的空洞化を生み出す。そういった観点で学校教育のすべての教科，分野の教科内容や教育方法を再点検する必要がある。それが今回の教育改革に抜け落ちるとすると，「優秀な企業戦士」「金儲けのうまい企業人」「国際競争に勝つための人材」を育てるだけの改革に終わる。

　これは，PISA「読解力」の「効果的に社会に参加する」学力，「数学的リテラシー」の「建設的で積極的，思慮深い市民に必要な確固たる基礎に基づく判断と決定を下す」学力，「科学的リテラシー」の「思慮深い一市民として，科学的な考えを持ち科学が関連する諸問題に，自ら進んで関わる」学力につながる。OECDの「キー・コンピテンシー」ともつながる。そして「社会参画力」「主権行使力」の前提となるのは，「批判的思考力」とそれに基づく「主体的判断力」であり，その延長線上にある「価値創造力」「仮説設定力」である。それを支えるのが「C」の「メタ認知力」「問題解決力」「構造的把握力」「多角的認知力」「論理的思考力」「異化認知力」である。もちろんさらにその基盤には，「D」の知識・方法（スキル）がある。

　ここで言う「社会参画力」には，政治的・経済的・科学的な側面だけではなく，歴史的な側面も含まれる。歴史は，現代の政治，経済，国際に深く関わる。たとえば，過去の歴史の認識・評価，そして責任の問題がある。また，それとも関わるたとえば領土問題などは極めて重要な政治問題であり，主権者として関心をもち，アクセスし何らかの形で参画する必要がある。

　また，文化に関するアクセスも含まれる。芸術に関するアクセスも含まれ

る。現在の文学状況に主体的に関わっていくこと，そのための力もここには含まれる。現在，現代文学がどのように創作され鑑賞され，経済として流通しているかを知り，その状況に自分なりにアクセスし参加するということである。現在，古典文学，近代文学がどのように読まれ流通し，共有されているかを知り，それにアクセスし参加することもありうる。これは，音楽や美術に関しても同様である。文学と音楽と美術は，その社会，個人，政治，経済等との関わり方には違いがあるが，共通点も多い。個人のあり方・生き方に関わるのみでなく，社会の状況，社会の問題，社会の変え方，個人と社会の関係性，さらには個人と社会の関係性などにも関わる要素がある。それらに，主体的にアクセスできる力は，この「A」に含まれる学力の一つである。

「A」ではとりわけ「発信」が重要な意味をもつ。学級を越える，学年を越える。そして学校を越える。学校外への発信と対話・討論などが重要な意味をもつ。学校外の場合，保護者や地域への発信と対話，都道府県を越えた発信と対話がある。さらには国を越えた発信と対話もある。社会に開き，発信と対話・討論を展開していくのである。

具体的には「通信」「新聞」の発行と配布，「文集」の発行と配布，インターネットによる発信，新聞等メディアへの投書・投稿，ビデオレターの作成と発行など，多様な方法が考えられる。これらは，「主権者教育」「シチズンシップ教育」にもつながっていく。これらをできるところから実践していくのである。仮にそういった学校を越える学習がすぐにできない場合でも，「もし，それを発信するにはどういう方法が最も有効か」「発信し対話・討論するまでを実現するにはどうしたらいいか」「この事態を変えるため（改善するため）にはどういう方法・手段が考えられるか」などを問題解決学習的にシミュレートしていく授業が有効である。

「A」の学力に関わっては，各教科での取り組みも有効であるが，複数教科のコラボレーション，総合的な学習の時間等の取り組みも有効である。それらの発信と対話・討論に基づき，さらに教室での学習を深めていく。

国語では，物語・小説の評価・批評について，過去・現在の当該作品の社

会的評価をリサーチする。それらを批判的に検討しつつ，その作品の現代的な意義・位置を探る。歴史的な意義・位置という観点でも探ることができる。また，同時代の作品群との比較・検討を行い，その作品の特徴・優位性・限界などを評価していく学習もある。たとえば芥川賞を受賞した作品を取り上げ，その受賞の妥当性を吟味する学習もある。別の候補作との比較・検討，賞の審議過程と審査委員のコメントの吟味なども必要となる。そして，現代における文学の位置・意味を問い直すことも重要である。「専門家」だけのものでなく，多くの市民・国民が過去・現在の文学について批評し論議し発信するという状況を作り出すには，学校教育でそれを可能とする学力をつける必要がある。そのためには，文学作品を多様に批評する力が前提となる。古典も優れた古典作品（群）が現代にどういう意味をもつかを，再度問い直す力が必要である。そのために古典を多様に批評する力が求められる。そして，それらを発信し対話・討論を広げていくのである。

　論説文の構造的な読み，論理的な読み，批判的な読みを発展させていくと，最終的にはその文章への自らの判断（評価）が生まれてくる。著名人，著名な専門家が書いたものでも，納得できる，納得できない，賛成である，反対である，条件付きで賛成である，などの判断を根拠をもち見解を表明できることが必要である。文章だけでない。政治家や研究者などの音声による主張・答弁などについても同じような関わり方ができる力が必要である。そして，自らの見解を様々な方法で発信していく方法を身につけることも大切である。一人で発信，複数で仲間を作って発信など様々な方法がある。

　歴史や現代社会の経済問題などについて，また理科に関わる様々な課題について，「B」で述べたような自分なりの判断を子どもたち一人一人がもった後に，どのようにそれを発信していったらいいのか。どのようにすれば対話ができるのか。どのように社会とアクセスしていったらいいのか。──といったことを考え戦略をたてていくのである。そして，可能な場合は，実際に自分たちが選択した方法で自分たちの見解を発信していく。見解は，一つにまとまるとは限らない。複数の見解と検討過程もそのまま発信すればよい。

❻ アクティブ・ラーニングを生かし「あたらしい学力」を身につけていく喜び

　「あたらしい学力」は，アクティブ・ラーニングを生かした授業，探究型授業によって，是非子どもたちに保障すべきものである。ただし，その授業過程はこれまでの授業と比べて難しくなる，面倒になるというものでは決してない。教材選択や教材研究，授業構築などの質の高さは求められてくるが，授業としてはこれまでとは比べものにならないくらい，子どもにとって手応えのある，刺激的なものとなる。学ぶ喜びの大きい授業である。
　たとえば，物語・小説をクライマックスなどに着目しながら構造的・メタ的に読んでいく過程は，子どもにとって刺激的である。それらを語りの構造に着目して，読みの観点を変えながら読むことも新しい発見を生む。それらに基づき作品を様々な角度から評価的に読む学習過程も刺激的である。それらを通して現代文学を批評的に読み直すという学習も可能となる。論説文をやはり様々な観点から評価的・批判的に読み，リライト文を書いたり，吟味文を書いたりする学習過程も喜びの大きなものである。これまで何となく読んでいた文章が，新しい光が当たることで，別のものとして見えてくる。
　歴史記述の取捨選択の差異を比較・検討しながら，それぞれの記述の背景にある歴史に対するものの見方・考え方を評価していく過程も刺激的である。同一の歴史を違った呼称で記述することに関する比較・検討も，歴史に対する新しい見方に気づかせる学習である。歴史は「事実」を覚えることであると思っている子どもにとって，また歴史は唯一無二のものであると思っている子どもにとって，発見に満ちたものとなる。
　それらの学習は，小説にしても論説文にしても歴史にしても，知の探究の基本であると同時に，最先端の要素を含む。子どもには，その発達段階に合う形で，基本的であり最先端でもある知の探究を経験していくことになる。
　アクティブ・ラーニングによって「メタ認知力」「構造的把握力」や「仮説設定力」「批判的思考力」「主体的判断力」そして「社会参画力」「主権行使

力」等を学ぶ過程は，子どもにとって大きな喜びを感じるものとなる。[注20]

❼「国語」を例にした学力モデル

　実際の授業では，A～Dの学力は様々な形で育てていく。A～Dの学力要素を一つの単元に同時に位置づける必要はない。また，必ずしも系統性としてD→C→B→Aという順序で指導するとは限らない。

　国語の物語・小説の「読むこと」の授業の具体例を次頁に試案を提示した。これは一つの単元ということではない。学力のモデル例である。

　「D」は表層の読みのレベルである。「C」から作品の構造や事件・人物の関係性，伏線，レトリック，表現性などの深層の読みのレベルに入る。「導入部─展開部─山場」という構造を把握し，「山場」にある「クライマックス」を構造的に追究する。そして作品を総合し多様に主題を把握する。そこで見いだした新たな読みの方略のメタ化も含まれる。それらを踏まえ「C」に入る。作品を評価・批評していく。肯定的な評価，否定的な評価などが展開される。様々な仮説（見解）を文章化することも含まれる。最後に「D」で，それらを学級の外に向けて発信し，交流し，対話・討論し，さらに自らの仮説（見解）を高めていく。

第2章のポイント

「あたらしい学力」試案

　A　社会参画力，主権行使力【社会的実践に関わる学力】
　B　価値創造力，仮説設定力，批判的思考力，主体的判断力
　　　　　　　　　　　　　　　　　　【主体的判断に関わる学力】
　C　メタ認知力，問題解決力，構造的把握力，多角的認知力
　　　論理的思考力，異化認知力【比較的複合的な学力】
　D　知識・方法（スキル）【比較的要素的な学力】

D	知識・技能 （スキル） 【比較的要素的な学力】	①作品の漢字・語句・語彙の表層の意味がだいたい理解できる ②作品本文の基本的な文法が理解できる ③登場人物の把握，登場人物相互の関係の把握がだいたいできる ④作品の出来事のあらすじがだいたい把握できる
C	メタ認知力 問題解決力 構造的把握力 多角的認知力 論理的思考力 異化認知力 【比較的複合的な学力】	①物語・小説の構成・構造が理解できる（物語・小説の構造的読解力） 「導入部・展開部・山場」などの構成が把握できる 山場の「クライマックス」を事件の流れから俯瞰的に把握できる ②事件の流れの中心を複数の事件の節目から確認できる （物語・小説の事件展開に関するメタ的読解力） （主要人物相互のどういう関係性が事件の核になっているか把握できる　主要人物のどういう見方の変化が事件の核になっているか把握できる） ③導入部の人物設定，展開部の事件の発展がクライマックスの伏線となっていることを理解できる （物語・小説の設定・伏線等に関わる読解力） （主題を分析と総合に基づいて俯瞰的に理解できる読解力） ④展開部・山場の事件の節目・人物に着目しつつそれらの特徴を把握できる ⑤作品のレトリック・文体など表現の特徴を把握できる ⑥それまでの読みを総合し作品の主題を複数把握できる ⑦見いだした新たな読みの方略をメタ化できる （「人物相互の見方の変容」「主要な事件要素に着目する」など）
B	価値創造力 仮説設定力 批判的思考力 主体的判断力 【主体的判断に関わる学力】	①作品の設定上の仕掛け，伏線，レトリック等の表現などに着目し，吟味・評価できる ②語り手を入れ替えてみることで作品を吟味・評価できる ③「クライマックス」のあり方など別の事件展開の可能性を想定し比較し，作品を吟味・評価できる ④作品の題名を吟味・評価できる ⑤作品の主題，作品がもつものの見方・考え方を含め総括的に吟味・評価し，文章化できる
A	社会参画力 主権行使力 【社会的実践に関わる学力】	①先行研究・作品の社会的評価などを検討しながら，自らの作品の吟味・評価と突き合わせ作品への評価を再検討できる ②作品の吟味・評価を他の学級・学年，地域・社会に発信できる ③現代の作品（芥川賞受賞作など）を取り上げ，それを文化的・歴史的・社会的・政治的文脈を考慮しつつ批判的に評価し発信できる ④それらを生かしながら，他者や社会との対話・討論ができる

第3章

アクティブ・ラーニングがもつ 5つの優位性
外言化，異質性，相互誘発，共通性，弁証法的発見

　阿部が第1章で挙げた「アクティブ・ラーニング」の要件を見れば，その優位性は認知できるが，ここでそれをさらに丁寧に検討していきたい。特に先進地域で行われているグループや学級全体での話し合い・討論を重視した「探究型授業」をモデルとしてどういった優位性があるかを考える。

　アクティブ・ラーニングの優位性として次の5つを挙げる。[注21] これらは，第1章のアクティブ・ラーニングの6要件中の特に「②学習課題」「③異質な他者との関わり」「④試行錯誤，評価・批判，推理・検証，発見・創造」「⑤内言の外言化」の特長をより詳細に検討したものと言える。

1　外言化の機会が飛躍的に増える ――― 「言葉にする」ことの価値
2　多様で異質な見方を交流できる ――― 「違う」ことの価値
3　相互誘発型・相互連鎖型の新しい思考が生まれる
　　　　　　　　　　　　　 ――― 「つながり高め合う」ことの価値
4　共通性・一貫性に向かう新しい思考が生まれる
　　　　　　　　　　　　　 ――― 「同じである」ことの価値
5　相違・対立による弁証法的思考が生まれる ―― 「発見」という価値

---

❶ 外言化の機会が飛躍的に増える ―― 「言葉にする」ことの価値

（1）「言語活動」の充実の本質は「内言の外言化」

　「言語活動」の充実が学習指導要領で2008年に提起され，様々な授業が展開されてきたが，この「言語活動」もその本質は「内言の外言化」である。

「言語活動」は「思考力・判断力・表現力等」を育てるための方法として提起された。「表現力」は確かに言語によるのだが，「思考力」「判断力」はどう言語と関わるのか見えにくい。思考や判断をする際に，頭の中で言語が飛び交っている。だから「言語活動」と「思考力」「判断力」が関わることは間違いない。しかし，なぜ「言語活動」なのかが曖昧であった。

　思考・判断は，同じ言語でも「内言」という言語によって成立している。それに対し，通常私たちが「言葉」とか「言語」と言って話したり書いたりしている言語は「外言」である。内言は外言を無音化したものと考えられていた時期もあるが，それは誤りである。内言は外言よりもずっとその速度が速い。通常，私たちが外言で話をするスピードとは比べものにならない。それは，思考のための内言は省略したり短縮したりしながら頭の中で使うからである。内言は主語や修飾語を省略して述語から成り立っている。また，概念を担う用語は短く省略される。コンピュータの短縮言語のようにである。たとえば「秋田大学教育文化学部教育実践コース国語科教育専攻」や「平成27年度全国学力・学習状況調査の秋田県の結果」などを内言では極めて短い記号に変えて回している。また一定の概念も常に明確な名称を与えられないままに内言として存在することもある。（「あれのあの感じがなんとなくよい」といったように自分では済ませてしまうことができる。）概念相互の関係も，通常の文章やメッセージ（外言）のように整っていなくてもよい。それ以外にもおそらくは立体的な地図のようなものが存在していると私は考えるが，いずれにしても省略・短縮によって内言は極めて速く働く。確かに私たちは予想外の出来事に遭遇しても一瞬のうちに認知し判断する。(注22) ただし，内言にも苦手な要素がある。それは意識化が弱い点である。ヴィゴツキーは内言を「自分のための言語」と言う。（外言を「他人のための言語」と言う。）自分自身の思考・判断のためにある言語だからそのつど意識しなくても展開してく。いちいち意識しないからこそ速いという側面もある。

　だから，誰かに実際に話さなくてはいけない，説明しなくてはいけない，文章として書かなければいけないという場合，つまり外言化が必要となった

場合，内言の再構築が必要となる。主語と修飾語を述語と組み合わせ，省略している概念を認識する用語はもとに戻し誰にでもわかる形にしないといけない。それだけではない。話す順序・書く順序などの構成や文法的な整合性なども組み立てないと聞き手・読み手には何のことかわからない。

　内言をそのまま外言にしても誰にもわからない。よほど慣れた人であれば，その人の文脈や省略パターンを知っているので，一部理解できることはあるかもしれないが，通常は意味不明である。と言いつつも，実は内言をそのまま外言化することは原理的にできない。「あれのあの感じ」でさえ，既に内言を少し整理した外言である。「いつもこれが，うーんキライ」というような外言でさえ，内言を一定程度整理しないと発話できないはずである。

　内言の外言化には，オーダーがある。外言には相対的に内言に近い外言と，内言から遠い外言がある。たとえば自分で書いた単語の断片のメモなどは，内言に近い外言と言える。通常のメモは聞き手・読み手には意味が不明であることが多い。元来「他人のための言語」である外言でありながら，まだ自分のためのものだからである。メモは他人にはわかりにくいのだが，単語やその省略など自分のための断片だけを書き留めるだけでいい。

(2) アクティブ・ラーニングは「内言の外言化」の機会を飛躍的に増やす

　学習過程で子どもたちがメモができるようになると，内言の外言化がより容易となる。メモは外言化が容易である。だから，アクティブ・ラーニングで，一人一人の思考をメモから始めさせたり，「思った言葉でいいから出してごらん」と言って少人数で対話させるのは，そのハードルを低くして外言化を容易にさせていることになる。だから，アクティブ・ラーニングで「一人一人の思考」→「少人数のグループの対話」→「学級全体の対話」と展開していくことは，内言の外言化という過程から見ても理にかなっている。

　逆に一人一人の思考段階で整理された文章を書かせるという指導は，子どもたちにとってハードルが高いことになる。文章は，音声言語に比べても不

特定の誰にでも理解できる構成・構造，表現・語彙選択が必要となる。
　それが4人程度のグループで少しずつ整理される。はじめはそれほど完全でなくても（単語の断片だけでも）まわりの子どもたちが補ってくれたり，問い返してくれる。概念と概念，言葉と言葉の関係が意識されてくると，今度は比較的多くの友だちにわかるようになる。対話（意見交換）をしながら外言化の再構築がより高まるのである。未熟な単語が意見交換（話し合い・対話）によってより整理され構築され内言から遠いわかりやすい外言に作り替えられていく。だから，だんだんと多くの人に理解されるようなものになる。省略がよりわかりやすく復元され未整理の概念が整理され思考が外言として再構築されてくるからである。そして，学級全体に対して発言する中で，かなり書き言葉に近いくらいの整理・再構築ができてくる。
　アクティブ・ラーニングは，内言の「外言化」のチャンスを「一人一人の思考」「グループの対話」「学級全体での話し合い」を生かすことで飛躍的に増やす。学級全員が外言化の機会を多くもつことで自らの思考を重層的に再構築していく機会をもてる。対話・討論の中で，曖昧なものの明確化，無意識の意識化，再構築だけでなく，新たな創造的構築を生み出す。その過程で，子どもは新たな発見をすることがしばしばある。「こんな考え方が出てきて自分でもびっくりした」といった感想を子どもたちは口にすることがある。外言化の機会は教師との問答だけではそう多くはもたらされない。グループでの意見交換の中で子どもは多くの外言化の機会を得る。
　また，外言化することで子ども相互の対話・討論が展開される。後述する友だちの「異質な見方」を理解し自分の見方と比べるという思考が展開される。相違や共通点が顕在化する。また，逆の見方になったときは，討論などによってさらに新しい見方が生まれたり意見の修正が生まれてくる。
　子どもたちの「全員参加」の授業が望ましいと言われる。それは，通常の一斉授業でも問答型授業でも，教師の指導力である程度まで達成できるものである。しかし，アクティブ・ラーニングでは，より質の高い全員参加が実現できる。それは，この外言化の機会の飛躍的な増加による。当該教科が不

得意な子どもたちも，外言化の機会を得ることで，より主体的に授業に参加できる。また，その時点は不完全な発言でも，対話の中で整序されたり，他の意見と相互に関係を作る中で新しい価値をもつようになる。

外言化の際には「話す力」「対話力」「討論力」「書く力」が大きな意味をもつ。それらの学力自体は国語科のものだが，すべての教科の学習過程で結果としてその力が求められ育っていく。第2章「あたらしい学力」中のC「メタ認知力」「論理的思考力」等に関わっては，対話，思考・認識過程をわかりやすく説明する外言化が重要となる。B「価値創造力」「批判的思考力」等に関わっては，討論，自らの批判・判断とその根拠を説得的に論述する外言化が重要となる。A「社会参画力」「主権行使力」に関わっては，様々な媒体によって発信し対話・討論することが重要となる。

(3)「スイミー」の読みの授業での外言化

たとえば物語「スイミー」（レオ＝レオニ，谷川俊太郎訳）の「クライマックス」を追究する学習過程は以下のようになる。学級ではクライマックスは，次に2つのどちらからしいということになってくることが多い。(注23)

それから，とつぜん，スイミーはさけんだ。／「そうだ。みんないっしょにおよぐんだ。海でいちばん大きな魚のふりをして。」（A）

みんなが，一ぴきの大きな魚みたいにおよげるようになったとき，スイミーは言った。／「ぼくが，目になろう。」（B）

学級の意見がAとBで分かれているとき，ある子どもが「ぼくはB。」と発言する。自力思考の段階はあったのだが，どうしても「目」にチェックをするくらいで根拠が意識化できていない。

グループの子どもが「どうして？」と聞くと，その子どもは「なんとなく。」と答える。この時点でこの子どもにとっては本当に「なんとなく。」な

のである。既に他の子どもから「Aは『さけんだ』だから，クライマックスらしい。」という意見が出ていたが，それでもその子どもは「なんとなくB」と感じていたのである。まだ，自らの読みが意識化できていない。

そのうちに他の子どもに「でも理由を言ってほしい。」と言われると，その子どもは再度，物語を読み直す。そのうちに「目」になんとなくチェックをしていたその子どもは「目がないと魚ではないから。」と答える。ここで自らの読みを少し意識化し外言のレベルが上がる。

「それだけ？」と再度言われる。またグループの他の子どもの「さけんだとき，すぐに大きな魚はできたのかな，時間がかかったのかな。」という発言を聞き，再度物語を読み直す。そのうちにその子どもは「『みんなが，一ぴきの大きな魚みたいにおよげるようになったとき』が大事そう。」と言い出す。するとそれを聞いた他の子どもが「そうだよ。目になるところで，一ぴきの魚みたいになるんだから，その前はまだ魚みたいじゃないんだ。」と発言する。そして，その子どもも「だから，やっぱりBだ。」と確信していく。

曖昧で無意識の内言レベルの読みが，グループでの対話によって外言化され，物語本文への新たな着目を生み出していく。

（4）「分数×分数」のかけ算の授業での外言化

算数の授業で「なぜ分数に分数をかけるときに，分母と分母，分子と分子をかけるのか」について追究したものがある。その中で，はじめは「分母は下，分子は上にあるのだから，下は下，上は上でかけるのが当たり前」というレベルの説明しかできなかった子どもたちが，思考を深めていく中でより説得力のある説明，つまり外言を生み出していく。[注24]

子ども　「2分の1×3分の1」ってどういう風に言い直せばいいのかな。
子ども　3×2のときは3が2つ分とか，3が2つあるって説明していた。
子ども　だと「2分の1」の「3分の1」。
子ども　「2分の1」を3分の1にするということ？
子ども　図にするとどうなる？

(子どもは次のAのような図をかき始める。)

A

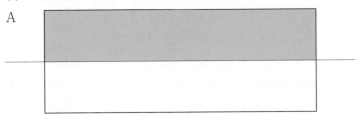

子ども 「2分の1」がこれで,これを3分の1だから,3つに分ける。

子ども そうなると,「3分の1」にするんだから,この半分のうちの一つ分が答えということか。(下のBのようにしていく。)

子ども これ,箱が6つある。

B

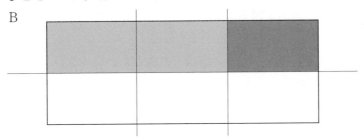

子ども 「2分の1」の2と「3分の1」の3をかけると6になる。

子ども だから,分母と分母をかけるのか。

子ども そうすると「2分の1」×「3分の1」は,2つに割った分をまた3つに割るから,割る方の分母と分母をかけるといいってことか。

この後,分子と分子をかける意味を考えていく。

ここでは,図も使っているが,数式の意味を外言による言葉でやり取りすることで,意味を意識化することができるようになる。

❷ 多様で異質な見方を交流できる──「違う」ことの価値

(1) 異質性が発見・創造を生み出す

自分以外の子どもの意見・見方を聞くことで,子どもは多様で異質な見方に触れることができる。自分では気がつかなかった見方を集団相互の交流・

交換によって知ることができる。それ自体に価値があるし，様々な角度から対象を検討することの豊かさを知ることにもなる。また，異質な見方の背景にある，その見方を生み出すための方法・方略を学ぶことにもつながる。

ただし，異質な見方に納得する場合だけではない。すぐに納得できない場合もある。それは，それで大きな意味がある。それは❺で述べる相違・対立・討論による弁証法的思考の創造につながる。そこから新たな「発見・創造」が生まれる。「異質性」こそが新たな発見を生み出す。

この異質性も外言化が前提となる。断片的でも整理されたレベルでも，外言化があるからこそ対話が生まれ異質な意見・見方が顕在化する。

異質性には様々な形がある。まずはグループなどで，「自分はこう考える」をただ出し合う段階である。互いに「そういう見方もあるか」と見ているだけ・感じているだけで，そこではその異質性が十分に絡み合わない。はじめはそれでもよい。だんだんと次のような意味化ができるようになる。

異質性が「なるほど，そういう見方もあるのか」「とても面白い見方だな」と互いに認め合うものに発展する。「自分が自然と一体になっているから蝉の声がうるさくない」という友だちの意見からは「自然と一体」といったとらえ方・見方を学ぶ。外言化のための表限を学んでいるという側面もある。

次は異質性が絡み合う段階である。「その見方は自分の見方と比べてどう違うのだろう」「そうだとすると，こういう見方ができるかもしれない」「その見方とさっきの見方は似ている」といった思考が生まれる。「その見方の根拠は何か」という問いも生まれる。「その見方にはなぜか違和感がある」「自分はその見方が理解できない」「その見方に反対だ」という状態になっていくこともある。異質な「見解」「解釈」「根拠」「理由」「解き方」「主張」などの交わり合い・ぶつかり合いである。それも一つの異質性の発展である。それらは，この後述べる「❸相互誘発型・相互連鎖型」であり「弁証法的思考」につながっていく。このあたりになると，「試行錯誤」「批判・判断」の過程が重層的に生まれてくる。そして「発見・創造」が生まれる。

実際の社会での知の探究もこれと似た過程をもつ。様々な研究も，社会的

な課題も，先進的な技術開発も，個人の追究だけでは限界がある。様々な研究者や市民・国民が関わり合い探究していくことで，新たな発見や見方が生まれる。それも異質なメンバーが関わり合う探究の方が，より創造性が高い。アクティブ・ラーニングの授業でも，最終的な発見に価値があるだけでなく，異質な他者との探究過程そのものに価値がある。だから，その探究過程をメタ的に振り返ることで，学びが確かとなる。その探究過程が教科内容となる。

（2）「平均」の授業での「異質な見方」

算数の「平均」をめぐってあえて異質を生み出すことで創造的な思考を促す授業がある。次の問題である。(注25) 小学校5年対象の授業である。

> 3人の子どもが，「ソフトボール投げ」の練習をしました。練習の記録をもとに，運動会に出場する代表選手を2人選びます。
> だれとだれを選んだらよいでしょうか。
>
> | | Aさん | Bさん | Cさん |
> | --- | --- | --- | --- |
> | 月曜日 | 28m | 35m | 23m |
> | 火曜日 | 39m | 30m | 30m |
> | 水曜日 | 27m | 38m | 32m |
> | 木曜日 | 43m | 32m | 40m |
> | 金曜日 | 33m | 35m | 45m |

これは，月曜日から金曜日までの記録の平均を出し，上位2人を代表にす

ればよいと子どもたちはすぐに気がつく。ところが，実際に3人の平均を出してみると，3人とも34mと全く同じ記録となる。

　ここからが授業の中心である。同じ平均でも見方を変えると，それぞれの特徴が見えてくる。それを比較・検討しながら2人を選んでいく。しかし，当然子どもによって多様な見方が出てくる。「一番遠くに投げたのがCさん，二番目に遠くに投げたのがAさん。だからAさんとCさんが代表がいいと思います。」「でも，Cさんは23mで一番悪い記録だからCさんは代表には入れない方がいいと思う。」などである。これ以外にも「Aさんは記録が良くなったり悪くなったりで記録がばらついているからやめた方がいい。」「Cさんはだんだん記録が良くなってきているから代表にふさわしい。」など様々な見解が出てくる。これには絶対の「正解」はないのだが，様々な異質な見解を出すことで，記録の解釈の仕方を子どもたちは学んでいく。

(3)「夏草や兵どもが夢の跡」での「異質な見方」

　国語の授業で，芭蕉の俳句の授業である。(注26)

> 夏草や兵どもが夢の跡

　「や」という切れ字で強調されている「夏草」を読み深めていく場面である。グループの中で次のようなやり取りがされた。

　子ども1　「夏草」って，なんか緑で元気な感じ。
　子ども2　青々って言うか……。
　子ども3　春よりもっと元気で，秋になると枯れてくる。
　子ども4　草の長さも，春より背が高いと思う。

　子どもたちは「夏草」の青々とした勢いを読んでいる。そのことが，「兵ども」とシンクロしていることにもこの後，子どもたちは気づく。ここでは，勢い，青々に加え「子ども4」では，草としての背の高さという同じ方向だが，少し違って観点の読みが出てくる。他の子どもたちも「勢い」などでイ

メージはしていたかもしれないが，外言としては出ていない。「子ども4」の発言で，より「夏草」の形象性は豊かになってきた。

その後の学級全体の意見交換の中で，次のようなやり取りがあった。

教　師　ではどうぞ。
子ども　「夏草」は，他の季節の草より，元気がある。
子ども　青さが青くって，ぼうぼうと勢いがあると思います。
子ども　だから，草の長さも長くてこのあたり（腰あたり）までありそう。

上のような発言がいくつか続いた後，次のやり取りが展開される。

教　師　「夏草」を別の角度から読んだグループはないかな。ほら，前にやった「肯定・否定から読む」で読んでいたグループがあったような気がするけど。（グループの挙手がある。）5班さん，どうぞ。
子ども（5班）　「夏草」って勢いがあるかもしれないけれど，考えてみれば，ここは昔きれいな都だったんだから，そういうところに草が生えているということは，つまり雑草というかきちんと植えた草じゃない。
子ども（7班）　私たちも，もう誰も来ないという荒れたところじゃないかという意見が出ました。

上は既にグループの話し合いの中で「夏草」を勢い，青々と同時に，雑草，荒れ地と解釈しているグループがあったことを教師が知っていて発言を促したことで出てきた。それ以前に文学の学習で，形象を読み深める際には「肯定・否定両面から読む」ということを学んでいたことが伏線になっている。

この雑草，荒れ地は，この後「夢の跡」とシンクロしていることに気づいていくのだが，異質な読みが多様性を生み出している例である。

上の場合は，「夏草」から勢い，元気，青々が読める一方で，雑草，荒れ地が読めるということを通して，子どもたちは形象を「肯定・否定両面から読む」という方法（スキル）を意識化することになっている。「その見方を生み出すための方法・方略を学ぶ」という要素が含まれる。

日本の学校文化には「同じことは良いこと，違うことは良くないこと」と

いう隠れた価値観がある。調和，和が大切といった価値観である。それらすべてを否定はしないが，探究過程では「違うこと」こそに価値があるという指導をしていく必要がある。「異質」「差違」「意見の相違」「見解のズレ」こそが，新しいものを生み出すという指導である。

❸ 相互誘発型・相互連鎖型の新しい思考が生まれる
── 「つながり高め合う」ことの価値

（1）一つの意見が次の意見を誘発し連鎖を生む

　一人での思考しているときに比べ集団による思考は，複数の見方が構造的に組み合わされ新たな見方を生み出す。一つの見方が次の見方を誘発し，連鎖してまた別の見方を生み出す。ここには，模倣・類推・関係づけ・文脈化・総合などが含まれる。これも前記の外言化や異質性が前提となる。
　ここには，次の2つの誘発がある。

> A　出された見方・意見が，直接に新しい見方・意見を誘発
> B　出された見方・意見を聞いて，その見方・意見の出すに至る方法や考え方を類推してそれを模倣する誘発

　また，ここには複数の見方が組み合わされ総合され，新しい思考が生まれるという要素も含まれる。連鎖が総合されることの価値である。

（2）国語の授業での誘発・連鎖

　「❶─（3）」で取り上げた教材「スイミー」の中に次の記述がある。

> そのとき，岩かげにスイミーは見つけた，スイミーのとそっくりの，小さな魚のきょうだいたちを。

　グループの話し合いの中で，この一文を取り上げ，子どもたちが「順番が

違う。」「この方が『見つけた』ことが気持ちに残る。」などという話し合いが進行する。そのうちに，グループの別の子どもが「スイミーは教えた。けっしてはなればなれにならないこと。みんなもちばをまもること。」も同じだと指摘する。さらに別の子どもは「それなら『みんないっしょにおよぐんだ。海でいちばん大きな魚のふりをして。』も同じ。」と言い出す。ある倒置部分を発見したことがきっかけとなって，別の倒置部分への着目が始まるという模倣が生まれたのである。

　これらの倒置は事件の重要な節目である。倒置により事件の発展を読者に印象づける効果がある。これは上記（１）ＡＢ２要素が絡み合っている。

＊

　物語「ごんぎつね」（新美南吉）の導入部に次の部分がある。[注27]

> ごんは，ひとりぼっちの小ぎつねで，しだのいっぱいしげった森の中に，あなをほって住んでいました。

　この「ひとりぼっち」に着目し，「ぼっち」が否定的なニュアンスをもつことを読んでいるときに，ある子どもが「何でごんは，ひとりぼっちなんだろう。」とつぶやく。それをきっかけにグループでの子どもたちの話し合いが始まり，「おっかあが死んだ後の『３』で『おれと同じ，ひとりぼっちの兵十か。』と関係ありそう。」といった意見が出てくる。「おっかあが死んでしまってからは，もうひとりぼっちでした。」ともつながるという意見も出る。一人の子どものつぶやきが，新しい読みを誘発することがある。「ひとりぼっち」を文脈に関係づけながら読みを発展させているとも言える。この導入部の「ひとりぼっち」という人物設定が伏線となって，「おれと同じ，ひとりぼっちの兵十か。」というごんの兵十へのより強い共感を生み出しているというこの作品の仕掛けが見えてくる。

＊

　読むための方法（スキル）を模倣し類推しながら読みを深める場合もある，

安西冬衛の詩「春」は一行の詩である。(注28)

> 春
> てふてふが一匹韃靼海峡を渡つて行つた。

　この「てふてふ」をめぐり，なぜここは「蝶々」と書かなかったのかということを学級で検討していた。その読みの方法は，教師が「どこか，変だなと思うところない？」「普通はどう書く？」などという発問・助言から展開していた。子どもたちは「本当なら『蝶々』でいいのに，『てふてふ』とひらがなだから，柔らかな蝶々の感じが出ている。」「ひらがなの『てふてふ』の方が軽さがある。」などの読みが出てくる。教師はこういう読み方を「違いによる読み方」とか「比べる読み方」と言うことを指導している。
　「韃靼海峡」をグループで読んでいくと次のようなやり取りが生まれる。
　　子ども　「韃靼海峡」って，なんだか難しい漢字。
　　子ども　ただの海峡より怖そう。
　　子ども　風強そう。
　　子ども　でも，どうしてそう思うのかな？
　　子ども　さっきと同じに変えてみたらどうなるかな。
　　子ども　どうやって？
　　子ども　漢字だから，逆にひらがなは？
　　子ども　「だったんかいきょう」って普通書かない。
　　子ども　カタカナならどうかな。
　　子ども　「ダッタン海峡」ならおかしくない。
　　子ども　それと「韃靼海峡」を並べると「ダッタン海峡」より怖そう。
　一度学んだ「違いによる読み方」とか「比べる読み方」といった差違性を生かした形象の読み深め方を子どもたちはグループの話し合いの中で応用している。類推が生まれている。
　その後，教師から「作者ははじめは『韃靼海峡』ではなく『間宮海峡』に

していた」ことを聞く。新たな差違の切り口から新たな読みが展開される。

（3）算数の授業での誘発・連鎖

　算数の授業で「一筆書き」の図形の学習をする際のことである。次のような正方形や星を五角形が囲む図形，円と三角形が重なるような図形は一筆書きができる。しかし，矢印の図形や円に３本の線が入った図形，三角形が７つ含まれる図形などは一筆書きができない。その理由について子どもたちがグループで話し合っている場面である。(注29)

　子ども　点から出ている線の数が違うみたい。
　子ども　えーっと，２本，４本，３本。
　子ども　５本もある。
　子ども　矢印のはじっこは，１本出ているんじゃない。
　子ども　１本，２本，３本，４本，５本，どういうことかな？
　子ども　上の一筆書きできるのが２本と４本で，下のできないのが１本と３本と５本。
　子ども　あっ。一筆書きできる図形は偶数で一筆書きできない図形は奇数。
　子ども　全部本当にそうかな。
　子ども　そうなってる。

「点から出ている線の数が違う。」という発言から，その数が偶数と奇数であることをつきとめている。この後，奇数と偶数が混じっている図形について追究していくのだが，こういう相互連鎖によって，新しい発見をしている。
　相互誘発・相互連鎖が，複数の見方を生みだし，それらが組み合わせられ新しい意味の発見につながることがある。
　大学の研究でも，一見関係なさそうな２つの事象を組み合わせることで，新しい発見が生まれることがある。学力の向上と地域共同体の存在あるいはそれと関わる犯罪率の低さや持ち家率の高さなどは，あまり結びつけて考えられないが，丁寧にデータを分析していくとそれらの相関の可能性が見える。
　算数や理科では，既習の内容を思い返しながら，新しい課題・問題に取り

組むことは多い。その際に，複数の既習内容を思い出し，それらを組み合わせることで新たな学びが生まれることは多い。

（4）小さな複数の気づきが組み合わされる誘発・連鎖

　もっと小さな複数の気づきが組み合わさり新しい発見につながることもある。第1章で紹介した『奥の細道』の「立石寺」の「閑かさや岩にしみ入る蝉の声」の「閑かさ」を読み深める際に，あるグループで2つの気づきがほぼ同時に出てきた。一つは「閑」という字は直前の文章の「清閑の地なり」の「清閑」でも出てくるという気づきであり，もう一つは「シズカ」は普通は「静か」と書くがここで「閑」という漢字を使っているのはどうしてだろうという気づきである。それが重なったために，この「閑」という字・漢字そのものを追究した方がよいということになってくる。辞典で「閑」も「清閑」も調べていく。はじめの漢和辞典では出ていなかったが2冊目の漢和辞典には「閑」は「ゆったりとして，静かに落ち着いている」という語義が出ていることを見つけ出す。「清閑」も「俗事を離れてきよくものしずかなこと」という語義を見つけ出す。そこから，この「閑か」は実際の音が大きい小さいという意味ではないことに気づき出す。2つの別の気づきが組み合わされ新しい発見につながったということになる。

❹ 共通性・一貫性に向かう新しい思考が生まれる
　　──「同じである」ことの価値

（1）異質な見方がだんだんと共通性・一貫性に向かう

　一人一人が意識しないで出した見方が構造的に組み合わされ，共通性・一貫性が立ち上がってくることがある。また，具体的な検討が複数顕在化することで，それらに共通性が見えてきて，その中で法則的な傾向や抽象的な概念が形成・発見されることもある。

　これは上記❷の「異質性」と，その中から浮かび上がってくる「共通性」とが同時に立ち上がってくるかたちと言える。法則的な傾向からは，知識や

方法（スキル），新しい認識の仕方，新しいものの見方が浮き出てくる。

(2)「大造じいさんとガン」「故郷」の授業での共通性・一貫性

　物語「大造じいさんとガン」には印象的な情景描写が多く出てくる。その情景描写は，そのときの主人公・大造の見方・感じ方を象徴している。上記の❸の「連鎖」にもつながるが，子どもたちは話し合いや意見交換の中で複数箇所にそれがあることを発見し，物語の大きな特徴として認識していく。

　たとえば次のようなグループでの話し合いがある。「1」の中にある情景描写をめぐる対話である。(注30)

　子ども　高志くんが言っていたように，この「秋の日が，美しくかがいていました。」って綺麗だけど，物語に関係ないよね。

　子ども　その日は晴れていました，でもいい。

　子ども　でも，関係ないのになんで「かがやいていました」とか書くのかな。

　子ども　ここにも「あかつきの光が，小屋の中にすがすがしく流れこんできました。」ってある。(「2」の場面にある情景描写)

　子ども　これも綺麗な書き方だけど，なんでわざわざなのか。

　子ども　他にないの？

　子ども　「東の空が真っ赤に燃えて，朝が来ました。」(「3」の場面)

　子ども　「あかつきの光」のところは，大造が「しめたぞ。」って言っている。

　子ども　「会心のえみをもらしました。」も少し前にある。

　子ども　「東の空」のところも，「いよいよ戦闘開始だ」とか「うまくいくぞ」って言ってる。

　子ども　何か同じ感じ。

　この後，学級全体の話し合いになり「美しくかがやいていました」「あかつきの光が，小屋の中にすがすがしく流れこんできました」「東の空が真っ赤に燃えて」は，いずれも肯定的情景であること，「美しい」「すがすがし

い」「真っ赤に燃えて」と見ている，感じているのは，語り手であると同時に大造であることなどがわかってくる。その中で，この情景（その見方）はそのときの大造の見方・感じ方と重なっているらしいということが見えてくる。教師はそういう情景のことを「象徴表現」と言うことを指導する。また「情景」にはそれを見ている人の見方・感じ方も含まれていること，だから「情」という言葉が含まれることを指導する。

　小説「故郷」の導入部で，「私」は「故郷は，まるでこんなふうではなかった」と思う。しかし，すぐに「こんなふうだったかもしれない」と自らの見方を否定する。その上で故郷には「進歩もないかわりに」「寂寥もありはしない」と考え，結局「自分の心境が変わっただけ」なのだと結論づける。ある子どもが，この「私」の考え方が面白いと発言したことがきっかけとなり，別の子どもが「それは，終結部の私の『希望』に対する考えの変化と同じかもしれない。」と導入部と終結部の重なりに気づく。

　これらは作品をメタ的に認知する過程と言える。

(3)「分数×分数」の授業での共通性・一貫性

　さきほど紹介した「分数×分数はなぜ分母と分母，分子と分子をかけると答えが出るのか」も，面積図で考える子どもだけでなく，数直線で考える子どもが出てくることで，より豊かな思考が生まれる。異質な方法をそれぞれ使いながら，そこに一貫性を見いだす追究過程である。

　面積図だと既に紹介したように以下のような図ができてくる。

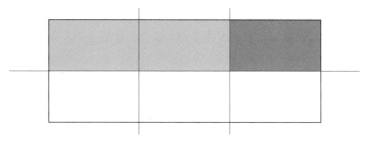

　一方，数直線だと次のようになる。まず①で「1」を2分の1にする。そ

れをさらに3分の1にすると下記のような図になる。

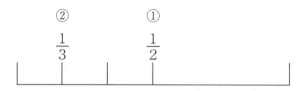

「1」全体を見渡すと，右の部分も左と同じようにの「$\frac{1}{3}$」の長さと同じ長さに分けていかないといけないことに気づく。そのために破線を書く。こちらも，結局「1」を6つに割った，そのうちの1つということになる。

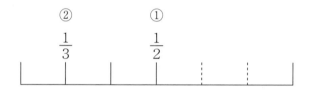

面積法と数直線法という異質な思考法が実は似た説明を生み出していくことを子どもたちは発見していく。

❺ 相違・対立による弁証法的思考が生まれる—「発見」という価値

（1）相違・対立が新しい発見を生み出す

　意見や見解に相違・対立が起こる場合，討論が起こる。そこから新たな発見，新たな見方が生まれる。複数の見方が構造的に組み合わされることで新たな見方を生み出す点は前記❸❹と同じだが，ここでは弁証法的な思考過程が生まれる。弁証法には様々なものがあるが，ここでは相違する意見・見解が関わり合うことで，討論以前には誰もが見いだせていなかった新たな発見や新たな見方が生まれる過程を言う。

　これは❷の異質性にもつながるが，同じ異質性でも，相違・対立する意見・見解の相違である。それを討論することで論点が絞られ根拠の再検討が始まる。自らの見方・見解についての再考も行われる。「自分はなぜそうい

う見方に至ったのか」「自分の見解の根拠は何か」などの自己内対話が始まる。また，自分と相反する見方・見解をより分析的に吟味することになる。特に相反する見方・意見をもつ相手の立場・見方をくぐり抜けることも要求される。一度新しい観点からの見直しをせざるを得なくなる。その上で，自分の見方・見解と相手の見方・見解を再検討してくことになる。さらなる自己内対話の発展である。(この過程は討論・論争の過程で波状的に生じる。)

　2つ以上の見方・見解があり，それが討論によっていずれかが妥当であるというかたちで決まることがある。ただし，その場合でも，その見方・見解の中から新たな価値，討論以前には見えていなかった新たな側面・新たな要素が見えてくる場合が多い。あるいは，そこには一定の隠れた条件が必要となるなどの発見もある。見方が更新されるのである。さらには，見方によってはいずれもが妥当であるという結果が生まれることもある。いずれもが妥当性が弱く，新たな見方・見解の方がより妥当性が高いという発見が生み出されることもある。ここでは，これまで述べてきた「試行錯誤」「評価・批判」「推理・検証」が重層的に生まれてくる。更新される見方・見解，新たな見方・見解が生まれるということは「発見・創造」である。それにより子どもたちの学力がより深くより確かに育っていく。

　「弁証法」は，「正・反・合」あるいは「定立・反定立・総合」を通した「矛盾の止揚」と説明されることが多い。それにより高次の思考が展開される。これは一度で終わらない。「合」「総合」はまた新たな「反」「反総合」を生み出すし，さらに高次の認識を見いだしていく。授業でもこれと似たことが起こる。特にアクティブ・ラーニング授業ではそれがより多く生まれる。

　社会科でTPPをめぐって「賛成」「反対」「条件付き賛成」「条件付き反対」の立場を選ばせ，それをめぐって子どもたちにリサーチをさせ，討論を展開していく授業がある。実際の学習過程は，立場の（仮の）決定→リサーチ→討論→リサーチ→討論→最終的な立場の決定—というものである。この中で，子どもたちはTPPのメリット・デメリット，また生産者と消費者と立場による違い，同じ生産者でも扱っている対象や地域による違いなどにも

気づいていく。新たな発見が多様に生まれてくる。

さきほどの❷で取り上げた算数の「平均」の授業も，違った立場で討論をしていくという点では弁証法的な思考過程が展開しているとも言える。

（2）NIE（新聞）を使った授業での新しい発見

NIE（Newspaper in Education）の授業で同じ出来事についての２紙（２社）を読み比べ討論する授業がある。(注31)2014年ソチオリンピックのスノーボードで竹内智香選手が決勝トーナメントで敗退した際の記事は，読売新聞と毎日新聞では大きく伝え方が違う。見出しだけを見てもそれは見えてくる。（読売新聞の「決勝T」は「決勝トーナメント」のこと。）

A　読売新聞
　　　竹内　決勝Tで敗退（主見出し）
　　　苦手種目「世界との差」痛感（脇見出し）

B　毎日新聞
　　　竹内　納得の挑戦（主見出し）
　　　「回転では今季最高の滑り」（脇見出し）

リード文も記事本文もこのとおり，読売はやや辛め，毎日はやや共感的という書き方である。これをめぐって「自分はどちらの記事の書き方を支持するか」をまず（仮に）決める。そして，その根拠を比較しながらそれぞれ挙げていく。そして，「なぜ同じ出来事なのに，これだけ書き方が違うのか」というメディア・リテラシーの本質に迫っていく。

だんだんと書き手の事実の取捨選択の仕方が違うことに気がついていく。そしてその背景には書き手の取捨選択の基準があり，その差違であることにも気づいていく。だから，読売はただ辛めというわけではなく，竹内選手への期待値の高さゆえに厳しい取捨選択になったことも見えてくる。一方毎日

はこれまでの実績からすると十分健闘したという基準で取捨選択している。その過程ではじめの「支持」と変わってくる子どもが何人も出てくる。これも広い意味で相違・対立による弁証法的思考過程と言える。

　これは小6の授業だが，中学であれば見解が異なる2紙の社説を読み比べ，討論していくという授業も可能である。それぞれの主張と根拠を対話・討論によって比較・検討しながら，その時点で自分の支持できる社説を決めていく。この場合，当該の文章だけでなく，ある程度のリサーチが必要となる。

(3)「ごんぎつね」での新しい発見

　物語「ごんぎつね」のクライマックスについて2つの意見で対立が起きることが多い。次の2つをめぐって討論になることがある。最後「6」の場面で，栗を贈ろうとしたごんを兵十が銃で撃つところ（A），そしてその直後，それまでの贈り物がごんであったことに兵十が気づくところ（B）である。

　兵十は立ち上がって，なやにかけてある火なわじゅうを取って，火薬をつめました。Aそして，足音をしのばせて近よって，今，戸口を出ようとするごんを，ドンとうちました。
　ごんは，ばたりとたおれました。
　兵十はかけよってきました。うちの中を見ると，土間にくりが固めて置いてあるのが，目につきました。
　「おや。」
と，兵十はびっくりして，ごんに目を落としました。
B「ごん，おまいだったのか，いつも，くりをくれたのは。」
　ごんは，ぐったりと目をつぶったまま，うなずきました。
　兵十は，火なわじゅうをばたりと取り落としました。青いけむりが，まだつつ口から細く出ていました。　　（下線及びA・Bは阿部による）

　そこで次のような討論が学級で始まる。(注32)

子ども　私はAです。ここで兵十がごんを撃つんだから，一番どきどきする。

　　子ども　私も同じです。この物語は悲しいままに終わる話だから，その悲しいのはごんが撃たれて死ぬから。

　　子ども　でも，Bは初めて兵十が気がつくんだからこっちの方が感動します。

　　子ども　僕もB。悲劇かもしれないけど，兵十がごんのことに気づくからただの悲劇じゃない。

　　子ども　Aは「ドンとうちました。」とか，そこに映画があるみたいに書かれているからクライマックスです。

　　子ども　Bだって，「ごん，おまいだったのか，いつも，くりを」って普通と違う順番で，映画みたいです。

　いずれもが描写性が高く緊張感がある。Aは主人公の兵十が，もう一人の主人公のごんを撃つのだから決定的場面である。この直後ごんは死ぬ。Bはそれまで誤解してい続けていた兵十が，その誤解を解消するという重要な部分である。2人の見方のすれ違いがここで初めて解消・解決する。

　いずれもクライマックス的であるが，ここだけを見ていたのではクライマックスを追究していくことはできない。クライマックスは山場の中で盛り上がっているところというだけではない。その作品の事件の展開・流れにとって決定的な部分である。だから，この作品の「主要事件」とは何かを，物語全体を振り返りながら俯瞰的に読み直す必要がある。

　そこで教師は次のように助言する。

　　教　師　どっちも，今まで勉強してきた「クライマックス」の2つの探し方―映画みたい，つまり描写性や緊張がある。それから，「悲劇」の決め手とか「ただの悲劇じゃない」とか事件の決定的場面もしっかり言ってる。でも，少し行き詰まってるね。そういうときはこの作品の「事件」って何かを考えるといいかもしれない。そのためにはどうしたらいい？

子ども　事件をもう一度振り返る。
教　師　事件ってどこから始まる？
子ども　「1」の途中から。
子ども　「1」まで戻ってみると事件がわかる。
教　師　「1」だけじゃなくて……。
子ども　「2」「3」「4」「5」と戻る。
　そこで，一人一人→グループ→学級全体の思考に入る。
　すると「あんないたずらをしなけりゃよかった。」「おれと同じ，ひとりぼっちの兵十か。」「その次の日には，くりばかりでなく，松たけも二三本，持っていきました。」「ごんは，『へえ，こいつはつまらないな。』と思いました。～おれは引き合わないなあ。」などが子どもたちから指摘される。この作品の事件の主要要素が〈ごんが兵十をどう見ているか〉〈兵十がごんをどう見ているか〉の相互関係であることが見えてくる。とすると，ごんと兵十のすれ違い・認識のズレ（矛盾・葛藤）が決定的に変化する部分がクライマックスとなる。B「『ごん，おまいだったのか，いつも，くりをくれたのは。』／ごんは，ぐったりと目をつぶったまま，うなずきました。」が決定的な変化の部分，つまりクライマックスということになる。

第3章のポイント

アクティブ・ラーニングがもつ5つの優位性

①**外言化の機会**が飛躍的に増える
②**多様で異質な見方**を交流できる
③**相互誘発型・相互連鎖型**の新しい思考が生まれる
④**共通性・一貫性**に向かう新しい思考が生まれる
⑤相違・対立による**弁証法的思考**が生まれる

第4章
アクティブ・ラーニングが成功する教材研究の4つの視点

　「アクティブ・ラーニング」を生かし,「あたらしい学力」を確かに豊かに身につけさせていくためには,教師の「教材研究力」がこれまで以上に問われる。いくら高尚な学力観を打ち出しても,いくら丁寧なアクティブ・ラーニングの指導方法を工夫しても,教材研究が深くないと意味がない。教材研究が浅く狭いと,その単元・その授業の目標・ねらい（到達点）が曖昧で甘くなる。授業過程も「アクティブ」であることだけが空回りする。

　また,アクティブ・ラーニングでは探究過程が主要な位置を占めるため,子どもたちのより多様な見方や意見が交錯する。授業後半ではそれを整理しさらに探究を発展させていく。その場合,教材研究が深く豊かで緻密でないと,教師はそれらに有効に対応できない。多様な見方や意見を即時に評価し,そこからさらに新たな発見を促していく。さらに予定しない発言が飛び出したり意外な論争が展開されたりすることもある。その際には授業中に授業構想を一部組み替え変更しつつ,それらの発言・論争を生かしていくことがある。その場合も,教材研究が多様で豊かだと有効な対応ができる。

　「教材研究を深めるためのポイント」を以下の4つに絞り解明していく。これはすべての教科さらに「総合的な学習の時間」等でも生きる。

> 1　言語に徹底してこだわること
> 2　構造的・文脈的に見ること
> 3　多面的・多角的に見ること
> 4　批判的・評価的に見ること

　アクティブ・ラーニングでは,これまで以上の深い教材研究が求められると述べたが,優れた教材には本来アクティブ・ラーニングで取り上げられ

べき課題性が内包されている。教材を丁寧に掘り下げていくと，多くの場合，そこに矛盾，曖昧さ，違和感などが含まれていることが見えてくる。別の解釈・見方，より多様な解釈・見方，相反する解釈・見方が見えてくることも多い。その意味でそこには既に論争性が含まれている。優れた教材にはそういう要素がある。それを引き出すためにも教材研究は重要である。

❶ 言語に徹底してこだわること

　すべての教科は言語によって成立している。国語や英語はもちろんだが，社会科や算数・数学も言語によって成立している。歴史も，歴史というものがもともと存在するわけではない。一連の世の中の出来事をある観点から切り取り，名づけ，関連づけ，意味づけて成立するのが歴史である。その際に，言語を使ってそれらを行うしかない。歴史の呼称はもちろん，そのとき起きた一連の出来事の中から何と何を選択し何を捨てるかも言語による。理科も，たとえば物理というものがもともと存在しているわけではない。生起している現象を，ある観点から切り取り，名づけ，関連づけ，意味づけることで成立する。その観点が化学や地学とは違うだけである。算数・数学も，数字・数式等の通常言語とは違う特別の記号を使うが，これも言語の一部である。

　言語にこだわった深い教材研究ができることでアクティブ・ラーニングの授業は豊かになる。具体的な目標・ねらいを設定できるし，切れ味のある学習課題も可能となる。子どもたちのグループや学級での対話により生まれる多様な解釈を生かしつつ，より高次の解釈を創り出す授業も可能となる。

（1）「古池や蛙飛び込む水の音」は本当に名句なのか？

　この句は松尾芭蕉の代表作であり名句と言われることが多い。しかし，考えてみれば小さな蛙が池に飛び込んだだけのことである。本当に名句なのか。

古池や蛙飛び込む水の音

静かだからこそ一匹の小さな蛙が池に飛び込んだわずかな音が聞こえてくる。逆に見ると，小さな蛙が飛び込んだ音がわずかに聞こえるからこそ，静かさが一層強く感じられる。通常はそこまでで解釈が終わる。

　それらの読みは成立するが，ここでは「古池や」と，わざわざ切れ字「や」を付け「古池」に注目させる仕掛けになっている。「古池に蛙飛び込む水の音」でも成り立つ。やはり「古池」にこだわる必要がある。しかし「古池」を「古い池」「昔からある池」として確認するだけでは何も見えてこない。

　日本の文化文脈では「古池」は特別な意味をもつ。それは「古くて今使われていない池」それゆえ「古くて荒れた池」という意味である。国語辞典にさえ「古池」は「古くてすさんだ池」とある。古びた程度ではなく荒れている。雑草も茂り苔も生え水も濁り人が近づかない忘れられた池である。

　普通の人はそういう池を好まない。しかし，ここでは「古池や」と池を肯定的に取り上げる。そして（汚い）池の静かさを肯定的に取り上げている。

　そこまで読んでくると，普通の人が好まない池を肯定的に取り上げるこの句の語り手像が見えてくる。古池をたまたま通りかかり立ち止まった人物か，古池を見るためにわざわざ通ってきた人物か，この古池の側に住む人物か，いずれにしてもこの古池を目にしそれを肯定的に取り上げ（虚構としての）聞き手に差し出す語り手である。否定的に見れば少し変わった偏屈な人物と読めるが，肯定的に見れば普通の人が好まない良いと思わないような古池によさを見いだす特別な感性をもった人物，繊細な感性の人物とも読める。

　そう読んでくると「古池や蛙飛び込む水の音」からは，世俗の美意識・好き嫌い・心地よさを超えた語り手（虚構としての作者）の価値観が見えてくる。「共感できない」「やっぱりいや」という評価があってもよいが，読み手（聞き手）によっては「なるほど，もしかしたらそれもいいかも。」「そう言われてみると，そういう古池のそういう状態，なかなか心に沁みるかも。」という評価をするかもしれない。後者の立場の読み手（聞き手）がある程度まで存在するからこそ，この俳句は名句として残ってきている。そして隠遁

の文学の典型の一つとして評価されていることになる。「詫び」や「寂び」の良さに通じることになる。詫び寂びを旨とする芭蕉の作品だからそう読めるのではない。そう読むと自然と芭蕉の詫び寂びとつながっていく。

　ここには言葉を，明示的な意味（デノテーション）で読むだけでなく共示的な意味（コノテーション）でも読むという方法が応用されている。その共示も日本の文化文脈を前提としたものである。また，そう語る「語り手」を読む（類推する）という読みの方法も応用されている。もちろん「や」という切れ字が指し示し効果・取り立て効果を生むということも含まれる。

（2）「$y = ax$」をどう解読するか

　数学で「$y = ax$ が成り立つとき，y は x の関数である。」と言われる。そのとおりである。では「$y = ax$ が成り立つとき，x は y の関数である。」と言ってはいけないのか。あまりそういう言い方は聞いたことがない。しかし，「$y = ax$」が成り立つ場合，y が変化すると x は変化すると確かに言える。なぜ「x は y の関数である。」という言い方を通常はしないのか。

　それは，通常は「x」は独立変数として変化する数量として扱われる。そして「y」は従属変数として「x」の変化に伴って変化する数量として扱われる。だから，まずは「x」が変化する。それに伴って（従属して）「y」が変わるという意味で，「$y = ax$ が成り立つとき，y は x の関数である。」と言うのである。そもそもどういう根拠で「x」と「y」が使い分けられているかまでを意識した教材研究ができていないことがある。

　また（「＝」は等しい数量の関係を表すものであるから，左右入れ替えは可能としても）何を左辺に記すか右辺に記すかは全くどうでもいいわけではない。数式は思考を表したものであり，一応の前提として通常の言語のように左から右に見ていく（読んでいく）ものである。だからここでの「$y = ax$」の一義的な意味としては，「y について言えば～」とまずあり，それについてここでは「値が ax と等しい」と示していることになる。

　だから，通常は「y は x の関数である。」と言い，「x は y の関数である。」

という言い方をしないのである。ただし，「$y = ax$」では「y」が変わる場合，確かにそれにともなって「x」が変わってくる。したがって，「$y = ax$ が成り立つとき，x は y の関数である。」と言うことは間違いではない。これは「逆関数」の学習につながる。実数の範囲で「$y = ax^2$」を考えると「$y = ax^2$ が成り立つとき，y は x の関数である。」とは言えるが，「x は y の関数である。」とは言えない。そういう学習に発展させることもできる。

　算数・数学の場合，たとえば「なぜ分数÷分数の場合，割る側の分数の分母と分子を逆にするのか，わかりやすく説明しよう」という学習課題の授業では言葉が重要な意味をもつ。教材研究段階でどのレベルまでの説明ができることがここでは必要かを精査しておく必要がある。

（3）図工・美術も音楽も言語が鍵である

　絵画は一見言語とは無関係のように思える。しかし，絵画を鑑賞する際に私たちは実は言語で解読している。（虚構としての）作者と内言で対話もしている。意識されない場合も多いが，その絵画に向き合ったとき，内言が働いている。「真っ赤な中に白い点が目立っている」「同じ青でも右にいくほど柔らかくなっている」「この黒い猫がいることでバランスが良くなっている」「この波形が不安を感じさせる」などである。これらは既に私が外言にしてしまっているので内言ではないが，これに似た内言が無意識のうちに働き絵画と対話しているのである。絵画制作でも自分がそこまで書いた（制作途中の）絵画と対話をしているはずである。「少し赤が強すぎる」「これだとバランスが悪くなり不安な感じが出る」「この茶色がなかなか効果的」などである。（これも外言化しているから内言そのままではない。これに似た内言が生じている。）ある場合は，内言による自己内対話も生まれる。絵画を評価・批評したり語り合ったりする際には，内言を外言化して対話したり書いたりということになる。教材研究の際も同じで内言による絵画の解読を外言化する。

　これは音楽も同じである。ある楽曲を聴いて私たちがそれなりの感想をも

ったり感動したりするのは，内言が働いているからである。音楽も意識してもしなくても，内言で音を解読している。音楽の場合も，評価・批評したり語り合う際は，内言を外言化している。教材研究の際も内言による楽曲の解読を外言化している。音楽の場合は，その際に楽譜の解読も重要な位置を占める。楽譜も日常言語とは違うが，言語の一つと見てよい。

❷ 構造的・文脈的に見ること

　構造的・文脈的に教材を検討していくことで，部分だけを見ているときには気づかない特徴や意味などが顕在化する。これは作品内の構造・文脈もあれば，他の作品との関係の中での構造・文脈，時間的な流れの中での構造・文脈などもある。さきほどの「古池や蛙飛び込む水の音」で，「古池」を日本の文化文脈で読んだ際に行ったこともこれにあたる。

　構造的・文脈的に教材を見直すという思考過程は，アクティブ・ラーニングと親和性が高い。そういう授業を展開するためには，まずは教師自身が構造的・文脈的に教材を検討できることが必要である。

（1）国語ではどういう文脈が大切か

　国語における物語・小説，説明的文章なども，部分部分を読むだけでなく，作品全体・文章全体の構造を意識し，それとの関係で部分を読むと作品・文章がよりよく見えてくる。教材研究も同様である。たとえば物語・小説の「クライマックス」を読み深める際は，山場にこだわるだけでなく，導入部の設定，展開部の伏線などとの関連で読み出すと，その仕掛けが鮮明に見えてくる。作品の主題も浮き上がってくる。「大造じいさんとガン」（椋鳩十）は，一見，大造と残雪の戦いの話に見えるが，全体の構造を読み込んでいくと，実は「大造の残雪に対する見方の変容」の物語であることがわかってくる。

　説明的文章教材も，一つを独立して読むだけでなく前後の教材との文脈で見ていくと，その教材の位置・特徴が際立つ。指導の系統性も意識的に見えてくる。光村図書の小学校国語教科書には小1の前半に「問い」と「答え」

が3回繰り返される説明文教材「くちばし」がある。(注33)「さきがするどくとがったくちばしです。／これは，なんのくちばしでしょう。」という問いがあり，頁を開けると「これは，きつつきのくちばしです。／きつつきは，とがったくちばしで，きにあなをあけます。(後略)」という答えがある。次頁には「ふとくて，さきがまがったくちばしです。／これは，なんのくちばしでしょう。」という問いがあり，また次の頁を開けると「これは，おうむのくちばしです。(後略)」という答えがある。さらに，もう一組の問いと答えがある。「問い」と「答え」が3回繰り返される。

そして，この次の説明文教材「うみのかくれんぼ」では「問い」がはじめに1回だけ示され，その後に「答え」が3つ並列で並ぶかたちに発展する。(注34)はじめに「うみにには，いきものが　かくれて　います。／なにが，どのように　かくれて　いるのでしょうか。」という問いがあり，その後に「はまぐりが，すなの　なかに　かくれて　います。はまぐりは，(中略)あしをのばして，すばやく　もぐって　かくれます。」という答えがある。次に，新たな問いがないままに「たこ」に関する答えが，最後に同じく新たな問いがないままに蟹の「もずくしょい」に関する答えが出てくる。

はじめの教材では「問い→答え」「問い→答え」「問い→答え」という日常の言語生活に近い構成になっていたものが，次教材では「大きな問い」→「答え1」「答え2」「答え3」と少し日常を離陸した本格的な説明文の書かれ方になる。やがて小2では「問い」→「答え1」「答え2」「答え3」→「まとめ」という「はじめ・中・おわり」の3部構成へと発展していく。

系統性を意識しつつ検討することで，教材の特徴が見えてくる。また指導の力点も浮かび上がる。前の教材に戻りながらの学習の重要性も見えてくる。

(2) 歴史は文脈が見えてくると面白くなる

歴史は，それ自体が文脈性をもっている。それぞれの出来事の前後の文脈，もっと中期的な文脈，長期的な文脈で教材を検討することで，深みが増す。前後の出来事（文脈）だけでなく同時期の別の地域の情勢などとの関連で研

究をすると，教材がより深く見通せるようにもなる。文脈という点では，現代ではその歴史事象がどう評価されているか，現代にその歴史事象がどう関わっているかという教材研究も重要である。

　たとえば1592年以降に豊臣秀吉が朝鮮を攻撃させた一連の出来事も，文脈を見ることでより立体的に解釈ができる。朝鮮への出兵・侵略が秀吉政権の崩壊を早めたことや，誰が考えても無謀で意味のない行動を誰も止めることができなかったのはなぜかなどを検討すると様々なことが見えてくる。

　これは，次に述べる「多角的・多面的に見ること」にもつながるが，国際的な文脈でこの出来事を見ることの意味も大きい。それは，現在，韓国でこの出来事を「壬申・丁酉倭乱」と呼んでいることの意味にもつながっていく。秀吉軍により夥しい数の朝鮮の人たちが殺戮されていること（「耳塚」はそのわかりやすい例である），また技術者等として多くの朝鮮の人々が日本に拉致されてきたこと，朝鮮の世界遺産級の文化財をことごとく焼き尽くされていることなどを知ることで，日本の側から見える戦乱と，朝鮮の側から見える戦乱との見え方の違いが顕在化してくる。

　九州に質の高い焼き物文化が広まっていることもそことつながる。現存する韓国の世界遺産級の寺院や建物のかなりの部分が，そのときに大きな被害を受けていること，完全に失われた世界遺産級の建築物も多いことを，加害者である日本人より韓国の人たちの方がよく覚えていることにもつながる。

❸ 多面的・多角的に見ること

　対象のもつ様々な側面を解明していくことは教材研究の基本である。ただし，長く同じ教材を扱っているとついその多面性を見失うことがある。それぞれの教科に固有の教材への多角的なアプローチの方法を広く財産として積み上げていくべきである。それによって教材の多面性が見えてくる。一方でどの教科にも共通するようなアプローチの仕方もある。

　これは何度も述べているアクティブ・ラーニングの優位性の一つである「異質性」と深く関わる。はじめ一面的にしか見えなかった対象の性質が，

アクティブ・ラーニングによって様々な角度から新しい側面が見えてくるという過程である。そういう授業を展開するためには、教師自身が教材をそういった多面的・多角的な観点から研究しておく必要がある。それがあってこそ、適切な助言・援助ができるし、適切な評価もできる。「ゆさぶり発問」もそういった教材研究が前提となる。

（1）詩「春」を多面的に読み解く

　国語の教材でも多面性は重要である。第3章で取り上げたが、安西冬衛の詩「春」からは、多くの多様な読みが生まれる。

> 　　　　　　　　春
> 　てふてふが一匹韃靼海峡を渡つて行つた。

　どの部分を取り上げても、そして詩全体の構造を取り上げても、題名にしても、多様な読みが立ち上がってくる。
　たとえば「韃靼海峡」である。ここからは、大きく絵画的な角度からの読み、音楽的な角度からの読み、言葉自体がもつ意味性、さらには他の部分との関係性から読めることなど多くの読みが生まれる。まず、「韃靼」という言葉がもつ視覚的な効果である。画数が多くごちゃごちゃして黒い活字部分が多い。それもどの部分を見ても漢字らしい角張った形である。ひらがなよりずっと重いし、同じ漢字でもたとえば「間宮」などよりずっと重苦しい。この海峡のイメージをそれが形作っている。（実は「韃靼海峡」は、樺太とユーラシア大陸の間にある海峡だが、通常は「間宮海峡」と言う。）
　また、「韃靼海峡」の方が聴覚的にも厳しさを感じさせる。「ダッタン」には濁音、促音が含まれる。撥音の「ン」も「タ」と一緒になり「タン」という強い音になる。それに対し「マミヤ」だと、いずれも清音であるしM音は柔らかい響きをもつ。聴覚的にも「韃靼海峡」の方が厳しさを感じさせる。
　そして、「韃靼」という言葉そのものの意味である。少なくとも日本国内、

日本の領土内の地名とは思えない。どこか遠く離れた異国のイメージである。非日常的と言ってもいい。得体の知れない気味悪さを感じる読み手もいるだろう。さらに，それを「てふてふ」（蝶々）との関係で読むと，様々な対比性という意味が立ち上がってくる。たとえば「小ささ」「微視的」と「広大さ」「巨視的」の対比，「弱さ」と「荒々しさ・猛々しさ」の対比，「柔らかさ」と「硬さ」の対比，「軽さ」と「重々しさ」の対比，「明るさ」と「暗さ・重苦しさ」の対比など，10組以上の対比性が見えてくる。

（2）四角形の内角の和が360度であることを証明する

　算数・数学でも，たとえば四角形の内角の和が360度であることを証明する場合，対角線を2本引いて4つ三角形を作り，4つの三角形の角度の合計「180×4＝720」から，対角線の交点のある円の360度を引く方法「720－360＝360」が一つの方法である。

　ただし，同時に，四角形の対角線を1本だけ引き，もう1本は対角線が接していない頂点から対角線にぶつかるまで線を引けば，三角形は3つできる。「180×3＝540」そこから対角線ともう1本の線が接する部分にある角度180度を引くという方法「540－180＝360」もある。

　さらには四角形を2つに分ける方法，3つに分ける方法などもある。これらは基本的な算数の学習だが，こういった複数性も多様性の一つである。算数・数学ではこういった複数性を多様に考え出していくことに意味がある。

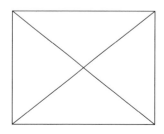
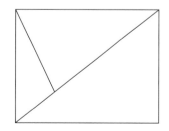

(3) 歴史記述の差違に着目し多面的に解読する

　これまでも検討してきたが，歴史の教材（教科書）は複数の記述を比べることによってより多面的・多角的な検討が豊かにできるようになる。（結果として，次の「（4）批判的・評価的に見ること」にもつながる。）

　たとえば1592年～1598年にかけて豊臣秀吉が大名に命じて朝鮮を攻撃させたが，このときの一連の出来事の呼称について教科書によって，次のような違いがある。ここでは見出しのみを抽出する。

　A 「秀吉の対外政策と朝鮮出兵」(注35)
　B 「朝鮮への出兵」(注36)
　C 「秀吉の朝鮮侵略」(注37)
　D 「秀吉の外交と朝鮮侵略」(注38)
　E 「海外貿易と朝鮮侵略」(注39)
　（Eは大見出しに「5 兵農分離と朝鮮侵略」がありその後に上記がある）
　F 「秀吉の朝鮮への侵略」(注40)
　G 「朝鮮侵略」(注41)

　出来事としては同じだが，どう呼ぶかによって書き手（教科書執筆者・編集者）の歴史に対する見方が違うことがわかる。これは第2章で挙げた「義和団事件」と「義和団運動」と同じことである。

　「侵略」は「他国に侵入してその領土や財物を奪いとること」（『広辞苑』第6版）「武力を行使して他国の主権を侵すこと」（『明鏡』第2版）である。国連でも「侵略」の定義を「他国の主権，領土保全もしくは政治的独立に対してなす武力行使」としている。

　このときの秀吉の命令に基づく一連の出来事を，「出兵」と言うか「侵略」と言うか，教科書会社によって見解・立場が違うことになる。

　こういう差違を重視しながら，またその妥当性を様々なリサーチを行いながら，多面的に検討し，対話・討論し子どもたち一人一人がその時点での主

体的な評価・判断をしていくことは重要である。そのためにも，教師自身がこういった差異性にこだわりながら教材研究をしていける力をもつ必要がある。

　上記の見出しの後に，当然本文が来ている。教科書には，秀吉の命令で2度の出兵があったことや，最後には秀吉軍は苦戦に陥り，秀吉の死もあって全軍が引き上げたことがどの教科書にも書いてある。そして，どの教科書もその後に朝鮮の被害についての記述が続く。それについて差違の大きなものを紹介すると次のようになる。被害の部分を省略なしに示す。

> A「朝鮮出兵で，朝鮮の国土や人々の生活はいちじるしく荒廃しました。」(注42)
> B「2度にわたった出兵により，朝鮮の国土や人々の生活は荒廃した。」(注43)
> C「7年にわたる侵略を受けた朝鮮では，国土や文物が荒らされ，産業を破壊され，一般民衆を含む多くの人命がうばわれた。」(注44)
> G「この侵略で朝鮮各地の村々は焼かれ，寺院などの文化財が失われました。また，多くの人々が殺され，人口が激減しました。」(注45)

　いずれも実際の出来事に相違することは書いていないだろうが，かなり書き方が違う。こういう違いの背景にある歴史の見方を推理し，その妥当性を検討し対話・討論していく授業がこれからの社会科では必要である。そのためにも教師自身がそういう観点で歴史記述を研究する力が求められる。その際には多面的なリサーチ，様々な歴史研究者の見解などの把握が必要である。

　なお，ここの記述では，「文禄の役」「慶長の役」という呼称が書かれていることがよくあるが，上記の中でD・F・Gはその用語を出していない。たとえば「1592年，全国の大名を動員し，九州の大名を主力とする大軍を朝鮮に送りました。」（F）などと書いているだけである。これも，偶然ではない。書き手（教科書執筆者・編集者）の判断である。

「文禄の役」「慶長の役」という言い方は，日本の呼称である。「役」は「戦争」の意味である。既に述べたとおり現在，韓国ではこれらの出来事を「壬申倭乱」「丁酉倭乱」と呼んでいる。「壬申」「丁酉」は当時の朝鮮の年号である。「倭乱」は「日本による動乱・騒乱」という意味である。国際的にはそういった呼称の違いがあることも教師は認識しておく必要はある。発達段階によっては，子どもたちにそのことを知らせ検討させていく学習があってもよい。それは国際感覚を育てることにもつながる。

❹ 批判的・評価的に見ること

　「批判的」と言うと，日本では「欠点をあげつらうこと」「揚げ足取り」「中傷」といった意味で理解されることがある。しかし，ここで言う「批判」はそうではなく，「対象を検討し，その成否・価値・妥当性などを判断・評価すること」という意味である。そこには，「優れたものを正答に評価する」という意味も含まれると考えてよい。（ここでは「評価的」も位置づけているが，本来であれば「批判的に見る」だけでよい。）

　まず教師自身が教材研究の際に批判的な姿勢をもつことが重要である。教材の「絶対化」をしないということである。絶対化をしなくなると，教材の弱さも見えてくる。そうすることで，そこから教材の良さも見えてくる。

　何よりアクティブ・ラーニングで育てるべきものの柱の一つとして「批判的思考力」がある。教師自身が批判的に教材を見る姿勢や力がないままに，子どもたちの批判的思考力を育てることなどできるはずがない。

　上記「③多面的・多角的に見ること」との関係を考えると，多面的・多角的に見ることができているから，批判的・評価的に教材を見ることができると言える。また同時に批判的・評価的に見ていくうちに，一層多面的・多角的な要素が見えてくるという側面もある。いずれにしても，「③多面的・多角的に見ること」と「④批判的・評価的に見ること」は，一連のものと言えるし，かなりの程度重なる部分があるとも言える。

(1) 説明型・論説型の説明的文章を批判的・評価的に読む

　国語の説明的文章教材も，批判的・評価的に読むと見えてくるものが多い。
　たとえば小4の「いね」（冨山和子）は，稲の良さについて書かれた説明型の文章だが，その中に稲が日本にやってくる前のことが書いてある。(注46)

> 　この日本列島には，もともとは，いねはなかったのでした。このいねは，海の向こうから，やってきたのです。
> 　それ以前の人たちは，木の実や魚をとって食べ，あるいはかりをしてくらしていたのでした。
> 　それは，大自然といっしょの，のびやかな生活でした。

　最後の「のびやかな生活」である。「のびやか」とは「心がゆったりしているさま」，「ゆったり」とは「空間。気分などにゆとりがあるさま」である。(注47)「木の実や魚をとって食べ，あるいはかりをしてくらしていた」と言うと，確かに「のびやか」「ゆったり」「ゆとり」という印象をもちたくはなる。しかし，筆者自身もこの後すぐに述べているが，その頃の生活つまり稲作が始まる以前の縄文時代の生活は「もしも食べ物が手に入らないときは，すみかを変えて，山から山へと移動しなければな」らない。「それでも食べ物が見つからなければ，一か月でも二か月でも，ほとんど食事をせずに，たえなければな」らない。そして，それがひどくなれば「人口はへっていくしかな」いといったものであった。飢えと戦いながら生きる生活，下手をすると飢餓が待っているという際どい生活である。そういう生活がなぜ「のびやかな生活」ということになるのか。
　筆者は「のびやか」さを，その後発生する農業に伴う農作業等に煩わされない，その意味で社会的束縛のない生活というような意味で使ったのであろう。しかし，この文脈では，強引で恣意的な用語使用と言える可能性がある。
　また，小5の「生き物は円柱形」（本川達雄）は，題名のとおり「生き物は円柱形」であるという仮説を示し論証をしていく論説文である。(注48)

> 　地球には，たくさんの，さまざまな生物がいる。生き物の，最も生き物らしいところは，多様だというところだろう。しかし，よく見ると，その中に共通性がある。形のうえでの分かりやすい共通性は，「生き物は円柱形だ」という点だ。

　上のような仮説をまず示し，論証を展開していく。まず「君の指を見てごらん。」と身近な円柱形から例を示し，次いで腕，足，首，胴体と少しずつ範囲を広げていく。すぐその場で確かめられる例を示す。それもすぐ目視できる指，腕，足を示し，鏡で見た方がいいかもしれない胴体を示す。さらに，その後，ミミズやヘビ，ウナギなど，読者がよく知っている人間に近い動物の円柱形を示す。さらにその次に木の幹や枝，草の茎という植物の円柱形を示す。身近な例から少し離れた例に提示をしている点は筆者の優れた工夫と言える。さらに今度は蝶の羽という円柱形の例外をあえて取り上げ，「でも。広い羽をのぞけば，ちょうも円柱形の集まり」として蝶の胴体，触覚，足などを示す。あえて自分の仮説に反する例を示し，それを乗り越える例を示すという手法である。たいへん丁寧で工夫された論証の仕方である。

　ただし，一方で本当にこれ以外の例外はないのかと考えてみる。動物ではワニやカメは円柱形には思えない，魚も鯛やヒラメなど平たい魚も多くいる。植物もサボテンなどは円柱形には見えない。これらを本当に例外としていいのかという検討の可能性を残しておくことも大切である。

　さらに，筆者は文章後半で，円柱形は強く速さに適した形であるとして，ミミズやマグロの円柱形を示している。しかし，まずミミズは速い動作の生き物なのか疑問である。マグロは円柱形というより円錐形である。頭部の錐（きりのようにとがっている意味）形こそが速さを作り出しているとも解釈できる。これらは「示されている例が本当に典型的と言えるか」という評価・批判の方法を使うと見えてくるものである。

　疑問点があるからといってこの文章の仮説が認められないとは限らない。

（もちろん仮説に疑問があるという読み方をしてもよい。）評価的・批判的に教材を読むことで検討が深くなるということである。

（2）小説「少年の日の思い出」を批判的・評価的に読む

　「少年の日の思い出」（H・ヘッセ）という中1の教材がある。[注49] そこでは「僕」とエーミールという少年との関わりが重要な位置を占める。そのエーミールは、たとえば次のような少年である。「この少年は、非の打ちどころがないという悪徳をもっていた。それは、子供としては二倍も気味悪い性質だった。（中略）とにかく、あらゆる点で模範少年だった。そのため、僕は妬み、嘆賞しながら彼を憎んでいた。」また「僕」がエーミールの貴重な蝶であるクジャクヤママユを盗みこなごなにしてしまったことを告白しに行った際も「彼は冷淡に構え、依然僕を軽蔑的に見つめていた」「冷然と、正義を盾に、あなどるように僕の前に立っていた。」「ただ僕を眺めて、軽蔑していた。」ともある。たいへん冷たい子どもらしさのない少年に見える。

　ただし、この作品は一人称小説で「僕」が物語世界を語る。だから、これらエーミールについての説明や描写・評価は、すべて「僕」の語りによっている。ということは、これらはあくまでも「僕」から見たエーミール像ということになる。「僕」にとっては確かに「非の打ちどころがないという悪徳」「あらゆる点で模範少年」「冷淡に」「軽蔑的」「冷然と」「あなどるよう」な人物だったのであろう。しかし、一方でエーミールはもしかすると自分の感情や見方を上手に表現できない不器用な少年だったのかもしれないという可能性も読める。大切にしていたクジャクヤママユを盗まれ台無しにされたエーミールは深く傷ついていたかもしれない。「冷淡」「軽蔑」「冷然」「あなどる」というのは、彼が感情表出が下手であったからという可能性もある。表情をうまく表に出せない人物は見方によってそう見えることもある。

　一方で実際にエーミールが「冷淡」「軽蔑」「冷然」等に近い心情にあった可能性も否定できない。複数の解釈可能性を読むことが大切である。

(3) 歴史記述を批判的・評価的に読む

　既に取り上げている1945年の沖縄戦についての教科書の記述の差違を検討すると，「歴史」について様々なことが立体的に見えてくる。
　現行の3社の中学校教科書では沖縄戦は次のように書かれている。

> 日本軍は沖縄県民とともに必死の防戦を展開し，米軍に大きな損害をあたえました。また，若い兵士たちの航空機による体当たり攻撃（特攻）や，戦艦大和による水上特攻も行われ，数多くの命が失われました。そうしたなかで，沖縄の中学生や女学生の中には，この戦いに従軍して，命を落とす人も少なくありませんでした。米軍の猛攻で逃げ場を失い，集団自決する人もいました。(A)[注50]
> 　（Aは写真のキャプションとして「日本側は東京大空襲を上回る18万〜19万人の死者を出し，その半数以上は一般市民だった。」と記している。阿部注）

> 本土の「防壁」とされた沖縄では，中学生や女学生を含む多くの県民が，守備隊に配置されるなど，激しい戦闘に巻き込まれました。そのなかで，日本軍によってスパイと疑われて殺害されたり，集団で自決を強いられたりした人々もいました。6月後半に，日本軍の組織的な抵抗は終わりましたが，戦闘は，日本が降伏したのちも9月7日まで散発的に続きました。この沖縄戦では，約60万人の県民のうち，死者が12万人以上に達しました。(D)[注51]

> 日本軍は，特別攻撃隊（特攻隊）を用いたり，中学生や女学生まで兵士や看護要員として動員したりして強く抵抗しました。／民間人を巻きこむ激しい戦闘によって，沖縄県民の犠牲者は，当時の沖縄県の人口のおよそ4分の1に当たる12万人以上になりました。その中には，日本軍によって集団自決に追いこまれた住民もいました。(E)[注52]

同じ「沖縄戦」だが，3つの教科書の記述にはかなりの差違がある。「沖縄戦」の中の何が選択され，また選択されていないかが違う。
　「中学生，女学生」が戦闘に参加したことと「集団自決」については，A・D・Eともに選択している。ただし「集団自決」は，E・Dは「日本軍によって」「強いられた」「追いこまれた」とあるのに対し，Aは「米軍の猛攻で逃げ場を失い」とあるだけで日本軍の関与には触れていない。
　日本軍と民間人（中学生らを含む）との関係も，D・EとAでは書かれ方が違う。D・Eは「戦闘に巻き込まれた」「民間人を巻き込む激しい戦闘」とあるが，Aにはそういった記述がない。そのかわり「日本軍は沖縄県民とともに必死の防戦」とある。日本軍と沖縄県民との関係をどう評価するか，日本軍と沖縄県民との様々な関係のどの側面を選択するかの差異であろう。
　「日本軍に」よる住民の「殺害」はDは選択しているが，A・Eは選択していない。「特攻」のことはA・Eは選択しているが，Dは選択していない。Aは「特攻」の一つとして戦艦大和を取り上げている。沖縄県民の死者数12万人以上とその割合はD・Eは取り上げている。Aは18万人〜19万人の「半数」という形で死者数のみを取り上げている。（死者数にも違いがある。）また，Eは「犠牲者」としているが，A・Dは「死者」としている。
　3冊の教科書だけでもこれだけの差違がある。これは歴史記述における取捨選択の差違である。「事実」は様々な現実の事象から書き手が取捨選択して記述する。取捨選択のない記述はない。これは新聞記事や説明的文章の事実記述でも同じである。当然そこには選択基準がある。その意味で歴史記述は書き手のものの見方・考え方がその背景に必ず存在する。出来事の有無についての評価の差違，どう述べるかの表現の差違もある。そこにも書き手のものの見方・考え方が存在する。3つの教科書の記述も，出来事の取捨選択の差異は，選択基準の差異であり，書き手のものの見方・考え方の差異である。同じ出来事を選択した場合でも，その中の何を選択し選択しないかは，ものの見方・考え方からくる。それにより語彙選択，表現も違ってくる。
　同じ歴史上の出来事でも，差違に着目し検討していくと，歴史記述につい

て様々な観点から検討ができる。多くの歴史書，研究書，資料を参照しながら検討をしておく必要もある。アクティブ・ラーニングの授業で，「批判的思考力」「評価・判断力」に関わり「歴史的な認識力」を育てる際に，そういう教材研究が直接生きる。仮に授業でそこまで行わない場合でも，教師は教材研究としてそのレベルまで行っておくべきである。

（4）分数のテキストを批判的・評価的に読む

　小6算数では分数×分数を取り上げる。その導入は特に重要であるが，教科書によって違いがある。そのことをまずは教師自身が批判的・評価的な観点からしっかり検討することが大切である。2つの教科書を取り上げる。

　ある教科書では，次の問題を導入に使っている。（H）(注53)

> 1 dLで，板を$\frac{4}{5}$㎡ぬれるペンキがあります。このペンキ$\frac{2}{3}$dLでは，板を何㎡ぬれますか。

それに対し別の教科書では，次の問題を導入に使っている。（I）(注54)

> 1 dLで$\frac{4}{5}$㎡の板をぬれるペンキがあります。このペンキ$\frac{1}{3}$dLでは，何㎡の板をぬれるでしょうか。

　Iは，この後に「$\frac{4}{5}×\frac{2}{3}$」が成り立つ問題を示している。
　Hは「$\frac{2}{3}$dL」から始めている。それに対してBは「$\frac{1}{3}$dL」から始めている。たいした違いはなさそうに見えるが，これがこの後の解説のわかりやすさ・わかりにくさに深く関わっている。
　Iは「$\frac{4}{5}×2$」などから類推させる形で「$\frac{4}{5}×\frac{1}{3}$」の式に導き，それを解説していく。「1 dLで，板を$\frac{4}{5}$㎡ぬれる」のだから，「$\frac{1}{3}$」のペンキだと，3分の1だから，「3で割った量」というところに言葉と図と式で導く。そして，分母の5に3をかけると答えが出ることに気づかせていく。ここで使

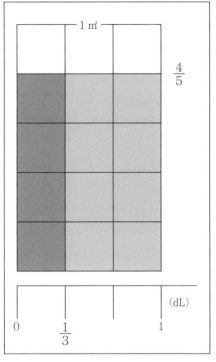

う図は，左のような面積図である。

さらに「1mの重さが$\frac{2}{5}$kgのロープがあります。／このロープ$\frac{1}{3}$mの重さは何kgでしょうか。」という問題を提示し，その後にさきほどの「$\frac{4}{5}×\frac{2}{3}$」が成り立つ問題を提示している。そのため，分数×分数の意味を理解しやすくなっている。それに対し，Hは「$\frac{4}{5}×\frac{2}{3}$」の式を立てた後に，「$\frac{2}{3}$を整数になおして計算する。」という解説が入っている。次にさきほどのAで示した図をもってきて「$\frac{4}{5}×\frac{2}{3}$」の意味を解説しようとする。しかし，「$\frac{2}{3}$」の3で割るという要素が言葉としては一度も出てこない。「÷3」という式が示されるだけである。「○で割る」ことがわかることで，分母と分母をかけることの意味が理解できる。その部分はIの教科書の方がわかりやすい。

こういった観点で検討してみることで，教材研究そのものが深まっていく。

第4章のポイント

アクティブ・ラーニングが成功する教材研究力の4つの視点

　①**言語に徹底してこだわること**
　②**構造的・文脈的**に見ること
　③**多面的・多角的**に見ること
　④**批判的・評価的**に見ること

第5章
アクティブ・ラーニングが成功する 8つの指導のポイント

「アクティブ・ラーニング」は，子ども相互の異質な意見を関わらせていくことを重視する。試行錯誤や発見を重視する。その過程でできるすべての子どもが外言化の機会を多く得ることを重視する。そのためにグループでの話し合い，学級全体での学び合いが重要な位置を占める。それなりの学びのための仕組みや組織が必要となる。当然，教師の指導力が必要となる。

この章では，アクティブ・ラーニングを生かした探究型授業を成功させるための実践的な指導のポイントを8つに絞って述べていく。これらをマスターしていけば，質の高いアクティブ・ラーニングの授業が展開できる。

---

1 「学習課題」の切れ味が問われる
2 グループの話し合いの前に必ず「一人一人の思考」を保障する
3 教師の「助言」が探究の質を左右する
4 ここぞというところで子どもたちを「ゆさぶる」方法
5 グループの人数・組み合わせの方法
6 グループの話し合いの時間設定と回数が重要
7 司会＝グループリーダーを決めて丁寧に指導する
8 「振り返り」で学びの質が上がり確かなものとなる

---

❶「学習課題」の切れ味が問われる

「学習課題」は，その授業で子どもたちに探究をさせていく起点となる。アクティブ・ラーニングでは重要な位置を占める。この学習課題が切れ味のないものだと，時間をかけても良い試行錯誤は生まれないし，発見も生み出されない。子どもたちに学びの喜びも生まれない。質の高い学習課題だと，

アクティブ・ラーニングがもっている探究の喜び―見えないものが少しずつ見えてくる喜び，今まで気がつかなかったことに気がついた喜び，試行錯誤の醍醐味，難しい課題に粘り強く挑戦することの手応えなどを感じられるようになる。何より，子どもたちにそれによって豊かで確かな学力が育ってくる。

　まだ子どもたちが自力で課題を創り出す力がない段階では教師が課題を提示する。仮に子どもたち自身が課題を発見するようなかたちは取ったとしても，はじめの段階ではその材料やヒントは教師が与える必要がある。そしてだんだんと子どもたちが自力で教材・題材から学習課題を創り出していく力をつけていくのである。

　学習課題を設定する際のポイントを示すと次のようになる。

---

①子どもたちが迷い揺れるような質の課題，つまり子どもたちに豊かな試行錯誤や推理・検証過程が生まれる課題であること
②その意味で，子どもたちの既有の知識・スキル，認識方法，方略などでは簡単に解決できない課題であること
③試行錯誤，推理・検証を経て，子どもたちに「飛躍」が起こり，それによって「謎」の解決・発見が生まれる課題であること
④試行錯誤，推理・検証，飛躍，発見を通じて，子どもたちに新しい知識・スキル，認識方法，方略などの学力が身につく課題であること
⑤子どもたちが追究してみたい，「謎」を解いてみたいという意欲・関心がもてる課題であること

---

　①～⑤は相互に関わり重なり合うものである。
　まず①である。何より子どもたちがすぐに課題を解決できたり，単一の見方しか生まれないような課題では探究が始まらない。仮にAかBかの決着は早目に着いたとしても，「なぜそう言えるのか」をめぐって多様な見方が生まれることが大切である。すぐに解決できないから，単一の見方ではおさま

らないから，子どもたちに試行錯誤が生まれる。そして推理・検証が始まる。
　だから②の見極めが重要になる。子どもたちの既有の知識・スキル，認識方法などを丁寧に見極めないと，予想に反して若干の試行錯誤ですぐに解決が生まれてしまう危険がある。ただし，一方で課題があまりにも難しいと，一部の子どもだけにしか質の高い試行錯誤，推理・検証が生まれない。
　そこで③が重要となる。課題の解決をめぐって子ども相互の見方が組み合わされたり，教師の適切な助言が切り口となったりしながら，試行錯誤の質，推理・検証の質が上がっていく課題であることが求められる。そして，それにより子どもたちに「飛躍」が起こり，「謎」の解決・発見につながることが必要である。試行錯誤，推理・検証によって，落差を飛び越える喜び，飛躍をする喜び，解決・発見の喜びが生まれる。ヴィゴツキーは「発達の最近接領域」という言い方でそのことを指摘している。(注55)
　そして，④である。試行錯誤，推理・検証，飛躍，発見を通じて，子どもたちにどういう学力を育てるかという明確な見通しをもつことが重要である。そういう課題でないと，「活動あって学びなし」の「活動主義」に陥る。これは授業・単元の「目標・ねらい」ということになる。ただし，「人物の言動の意味を考える」などの抽象的で曖昧な目標・ねらいではいけない。具体的でないとどういう学力を育てるかの到達点は見えてこない。評価も曖昧になる。これは第２章の「アクティブ・ラーニングでどのような『学力』を育てるのか」を参照願いたい。
　もちろん⑤の多くの子どもたちの興味・関心・意欲をかき立てるような課題でないと，探究のエネルギーは生まれない。教師の指導による意欲喚起も大切だが，課題そのものに魅力がないといけない。また，探究過程で新たな課題（謎）が生まれ，意欲が一層かき立てられるという課題もある。
　これら５つの要素は，課題以前の教材選択や教材研究にも深く関わる。
　国語の古典『奥の細道』の「立石寺」の「閑かさや岩にしみ入る蝉の声」を教材とした場合，たとえば次のような課題が考えられる。

> なぜ蝉が鳴いているのに、しずかと言っているのか。

　できれば子どもたちがこの課題を設定できるとよい。しかし、古典の授業に慣れていない場合は教師が子どもとの問答を経てこういう課題を提示してもよいと考える。子どもたちが古典学習に習熟していく中で、自分たちで課題を生み出すようにしていくのである。ここでは蝉のうるささと「閑か」さとの矛盾つまり謎からこの俳句の仕掛けを解き明かしていく。

　学習課題は、同じ教材でも子どもたちの学習の到達度によって違ってくる。子どもたちが古典学習に十分慣れていたら、この俳句でも「この俳句の仕掛けの秘密を見つけ出そう」など抽象的な課題でも豊かな学習が展開できる。

　たとえば算数の分数のかけ算を取り上げる場合、次の課題が考えられる。

> なぜ分数×分数のかけ算では、分母と分母、分子と分子をかけると答えが出てくるのか、図や言葉を使って説明しよう。

　子どもたちは、分数×分数の計算は分母と分母、分子と分子をかけると答えが出ることは知っている。計算もできる。しかし、そもそもなぜそういう過程で正しい答えが出るかについては、学んでいないか、学んでいても忘れてしまっていることがある。また、何となくわかっていても、いざ説明をするととまどうことがある。それを課題として、面積図や数直線を使って言葉を使って説明させることには大きな意味がある。分数とは何か、分数をかけるとはどういうことかを原理から再確認することになる。その上、言葉を使って説明するとなると、思考をかなりの程度整理し再構築することが求められる。これは教師が実際の分数×分数の計算問題を提示し「なぜ2分の1×3分の1は、分母と分母、分子と分子をかけると答えが出るのかな？」と問うてみる。そこから子どもと一緒に課題づくりをすることもできる。

　学習課題の例として、たとえば次のようなものが考えられる。これらは既

に述べたとおり学年や子どもたちの学習の進展の程度によって変わりうるものである。

- 物語「○○○○○」の導入部が伏線として山場でどういう役割を果たしているか解明しよう。
- 分数÷分数では，なぜ割る側の分数を逆数にするのか言葉や図でわかりやすく説明しよう。
- 地球温暖化の現状と原因を調べ，有効な対策は何か解明しよう。
- 「○○○○」についての２つの歴史記述を読み比べ取捨選択の妥当性について検討しよう。
- 夫婦別姓の賛否の主張を調べ，根拠に基づき自らの意見を決めよう。
- オリンピックのロゴ最終案を比較・検討し，自分が推す案を決めてプレゼンをしよう。
- 英語の「○○○○○」条約の日本語訳をめぐって，どういう論議・見解があるのかをリサーチし，それらの妥当性を検討しよう。

---

❷ グループの話し合いの前に必ず「一人一人の思考」を保障する

　グループを生かしたアクティブ・ラーニングは，子どもたちの主体性を引き出し，外言化の機会を飛躍的に増やし，異質性・多様性を生かすことで質の高い試行錯誤や発見を生み出すなど優れた教育方法と言える。ただし，グループによる学習には，指導を間違うと子どもたちの学びの質を下げる側面，否定的側面もあることを忘れてはいけない。その中の一つが「集団が個をつぶす」危険・可能性である。子どもには教科的な力量の差がある。当該教科が得意な子どもと得意でない子ども，同じ教科でも得意分野と不得意分野のある子どももいる。発言を躊躇なくできる子どもも，発言することが難しい子どももいる。

だから，必ず子どもが一人一人で思考し学ぶ時間を保障することが必要である。これなしに急にグループの話し合いに入ると，特にまだ課題の意味が十分に消化できていない子どもや，課題追究の切り口が全く見つからない子どもなどは，課題を既に解決し始めている子どもの思考をそのまま受け入れてしまうことになりやすい。受け入れることが常に悪いわけではないが，こういう場合，自力での思考がほとんどないままに，ただ「それに賛成」という状況に陥る危険がある。アクティブ・ラーニングが対話を重視するからこそ，子どもが一人で自力思考をする時間をしっかりと保障することである。
　「一人一人の思考」の時間を取るだけでなく，課題の意味が十分消化できていない，課題追究の切り口が見いだせないで思考が停止している子どもなどには，教師の個別の助言・援助が必要となる。課題理解に助言・援助が必要な子どもが多い場合は，「一人一人の思考」以前の段階で課題の理解・共有が不十分である可能性がある。その場合は再度，教師と学級全員とで課題の確認を丁寧にし直す必要がある。また課題追究の切り口が全く見えてこない子どもが多くなっている場合は，やはり教師と学級全員との対話・問答の中で，いくつかの追究の切り口を示唆することが必要である。
　さらには，本格的なグループの話し合いに入る前に，グループごとに「学習課題」の意味を確認し教え合う時間を取ることが効果的な場合もある。
　「一人一人の思考」の保障が必要なのは，学習課題を確認した直後だけではない。グループでの検討に基づいて学級全体で追究が進行している場合でも，検討内容が難しくなったり，整理が必要になったり，新たな追究課題が見えてきたりした際にも「一人一人の思考」が求められることがある。探究がある程度進み，さらに高次に探究に入っていく前に再度，自力思考の時間を設定するなどの配慮も必要である。
　もちろんその後に再度のグループでの話し合いを挿み，そして学級全体での追究に戻ることもある。時間的制約があるから，そう何度も「一人一人の思考」の時間は作れないかもしれないが「ここぞ」というところでは教師はそれを保障する必要がある。また，授業の終末の「振り返り」の際にも，全

体での振り返り，グループでの振り返りだけでなく，「一人一人がノートや板書を見ながら振り返る」時間の保障も大切である。これは，一人一人が本時の，学びのポイントをノートに書くという形でも保障できることがある。

集団での学習だからこそ，個の学習を保障しないと，「主体性」という名称だけの主体喪失の授業に陥る危険がある。

❸ 教師の「助言」が探究の質を左右する

「学習課題」は謎や不明な点がある対象に対し，子どもたちが様々な探究により立ち向かい解明していくものである。そこには必ず飛躍がある。子どもが既有の学びを思い返し，それを応用したり既有の複数の学びを組み合わせたりする中で飛躍が生まれることがある。

ただし質の高い難易度の高い課題になると，飛躍は子ども一人では十分に生まれてこないことがある。その場合，子ども相互の話し合い・意見交換，対話・討論が大きな意味をもつことがある。そこで，異質な見方を知ることで，今までの枠組みを超えて思考が始まることがある。他の子どもの異質な見方と自分の既有の見方を組み合わせて飛躍していくこともある。それが第2章で述べた「相互誘発」「相互連鎖」であり「弁証法」的な思考である。

とは言え，子ども相互の学び合いだけでも飛躍に至らない場合がある。それを待つだけでは，時間がかかりすぎて学習が前に進んでいないか，グループによる探究の質に差が出てしまうこともある。そういう場合，教師が適切な「助言」を示すことが必要となる。教師の助言が探究をより促進する。

たとえば——

a 「それって，前の物語のときに学んだことと何か関係ありそうじゃない？」
b 「そうやって物語の前の場面に目をつけるっていいかもしれないね。」
c 「それは，さっきの5班の石井さんの意見と何か関係ない？」
d 「さすが。でもまだもう一つ読めると思うよ。」
e 「その程度で満足？　もう一つ読めると思うよ。」——などである。

教師は，一人一人への助言，グループへの助言，学級全体への助言とその

場合に応じて使い分ける。

「助言」には，その役割から次の２つの種類に分けられる。

> ①子どもが思考していくための方法を示唆する――方法助言
> 　（思考の足場，ステップを与えるのである）
> ②子どもの思考を励ましたり方向を示唆したりする―促進助言

　上記の例で見ると，a～cは方法的な助言，d・eは促進的な助言である。（ただし授業の前後の文脈によってa～eも違った役割になることがある。）
　①の「方法助言」が，その教科の探究にとってより重要な意味をもつ。思考のための方法であるから，それは教科内容に深く関わる。たとえば国語の授業で物語・小説のクライマックスがどこかの追究を行っている際に「そうやって物語の前の場面に目をつけるっていいかもしれないね。」と助言することは，「クライマックスは作品全体の事件の流れを俯瞰することで見えてくる」「クライマックスは作品の事件が収斂する部分である」といった読むための方法を示唆していることになる。国語科の物語・小説に関わる重要な教科内容につながる。算数の授業で分数の割り算の意味を追究している際に「さっき，和子さんが『３分の１って，３つに分けるっていう意味だ』って言っていたけど，それと関係ない？」と助言することは，「分数の割り算では割る方を逆数にしてかける」という教科内容につながる。
　この助言は，思考の開始時期にはあまり強くない方がよい。子どもが揺れたり迷ったりする過程を奪う危険があるからである。それでもどうしても思考が展開できなくなった場合に，やや強めの助言を示す。どうしても思考が停止して先に進めない状況のときにはより強めの助言を示す。―という順序である。もちろん，少ない助言で子ども（たち）が主体的な思考を展開できることが望ましい。とは言え，はじめからそうはいかないし，個人差もあるので，教師は弱い助言から強い助言まで多様な助言を準備しておく必要がある。
　また，助言は，「一人一人の思考」の際に示す助言，「グループの話し合

い」の際にグループに示す助言、「学級全体の学び合い」の際に全体に示す助言と大きく3種類に分かれる。これらも、基本的にはそれぞれ多めに助言を準備しておき、子どもの思考展開の実態に合わせてどういう助言を示すかを判断していくことになる。

「助言」は「学習課題」を探究することを助け支える機能をもつ指導言だが、形態としては次の4つに分かれる。

①発問　　②指示　　③説明　　④評価

「発問」は「2つが関係するなら、どういう関係が見えてくる？」「ここから、何か共通点見えてこない？」など問いの形の指導言である。「指示」は「それなら導入部の人物設定で大事そうなところを探してごらん。」「その例があると言うなら、例だなと思う教科書本文に傍線を引いてごらん。」「図形を分けると言うなら、ノートの図形に線を引いて分けてみよう。」など行動を具体的に指し示す指導言である。「説明」は「ということは、この『夏草』は直前の地の文の3カ所と関係があるということだね。」「みんなは、要するに共通点を2つ見つけたことになるね。」などそれまでの思考を確認したり整理したりする指導言である。「評価」は「なんと7つも表現の工夫を見つけたね。さすがだ。」「それは、ちょっとびっくりするくらいの発見だね。」「みんなが読めるのはその程度なの？」など肯定的に価値づける場合と、あえて否定的な言葉で挑発する場合など、様々なものがある。

「なん7つも表現の工夫を見つけたね。さすがだ。」の前半は、それまでの子どもたちの発見を「7つの表現の工夫」という説明で整理している。その後「さすがだ」と評価している。実際には「発問」「指示」「説明」「評価」は、複数が組み合わされて助言として発せられることが多い。ただ授業の計画を立てたり、授業後にリフレクトする際に「発問」「指示」「説明」「評価」のバランスや傾向を意識することはアクティブ・ラーニングの質を高めるために重要である。「自分の授業は説明が多すぎて発問が弱い」「あそこは発問

より指示をして一人一人考える時間を与えた方がよかった」「自分は指示が多く子どもへの発問をもっと重視した方がいい」などである。

　助言を含む教師の指導言をできるだけ少なくしていこうという志向性には意味がある。子どもたちに力をつけていくことで，だんだんと教師の助言等を相対的に必要としなくなっていく状況を目指していくということは望ましいことである。ただし，子どもたちにほとんど力がついていないにもかかわらず，「教師の指導は少ない方がいい」「教師は黙っていて子どもたちが自分で授業を展開できる形にすべき」などの主張がされることがある。そうなると，子どもたちが自力で授業を進め主体的な学びが生まれているように見えるものの，実際にはほとんど意味のある発見や飛躍が生まれていないという授業が多い。過剰な指導言は子どもの思考をかえって妨げるが，子どもたちがまだ十分に力をつけていない段階では，あるいは子どもたちにとって飛躍の幅が相対的に大きな課題の授業には，教師の適切な（助言を含む）指導言は是非必要なものである。

❹ ここぞというところで子どもたちを「ゆさぶる」方法

　「ゆさぶり発問」は斎藤喜博をはじめとして，多くの教師が実践してきた。子どもたちの思考が一定のところで止まっている場合，早めに意見が一致したために試行錯誤なしに「結論」が出てしまう場合など，もっと子どもたちに深く高い探究をさせたいときに使える有効な助言のあり方である。

　有名な斎藤喜博の「出口」の授業では次のような「ゆさぶり」が示される。

> 　みんなが一しょにならんで島村の外へ出ていくとき，どこまで行ったら島村の出口へ来たというのだろうか。島村と，となりの村との境には橋があるが，橋の出はずれのところへ行ったとき，出口へ来た，というのだろうか，それとも，近くに橋が見えてきたとき，出口へ来たというのだろうか。(注56)

これは「山の子ども」という作品中の「あきおさんと　みよ子さんは　やっと　森の　出口に　来ました。」について，２人は今実際に出口にいるのか，それとも手前の（出口が見えてきた）森の外れにいるかについて論議しているときに出た「ゆさぶり」である。子どもたちは，２人は実際に今，出口にいるという結論で一致しかけたときに発せられた。ここから，子どもたちにとまどいや混乱が生まれ，もっと手前の森の出外れかもしないという別の解釈が出てくる。この実践をめぐって国語科教育界で「『出口』論争」が起こる。その評価は別としてこういう形で子どもたちが一致した際にあえて違った観点からの見方を出すことで子どもたちの試行錯誤を生み出すのである。

　作品の書かれ方を吟味すると，ここで２人は出口に至っていたという可能性と，出口が見える手前の森の外れにいた可能性とが，ともに解釈として成り立つ。そのことは，この部分だけでなく，この一文の前後の文脈，また作品全体から見えてくる語り手と登場人物との関係等を見るとわかる。

　「大造じいさんとガン」（椋鳩十）のクライマックスについて，子どもたちが，ほぼ「大造じいいさんは，強く心を打たれて，ただの鳥に対しているような気がしませんでした。」で一致しかけたときのことである。ここは，ハヤブサに襲われた仲間のガンを助けようとして傷ついた残雪が，ぬま地に落ちた場面である。教師は「なるほど。でもね，最後の場面でじいさんが『おりのふたをいっぱいに開けてや』ったところも，クライマックス的だよね。」「だって，ここで大造が戦っていた残雪を逃がすというところが解決だし，感動的だよ。」とゆさぶる。そこから，再度「一人一人→グループ→学級全体」の試行錯誤が始まる。そして，この作品の事件の中心は大造が残雪を逃がすかどうかより，大造の残雪に対する見方の変化であることを意識していく。とすると，最後の場面よりも，「ただの鳥に対しているような気がしませんでした。」の方が変化として大きいことが見えてくる。

　算数の「一筆書き」の授業で子どもたちが「奇数

点の図形は一筆で書けないが，偶数点の図形は一筆で書ける」という法則を見つけた後のことである。前頁の図形を示して「でも，これは奇数点があるけど一筆で書けるよ」と新たな問いを投げかける。これも「ゆさぶり」の一つである（奇数点は交点から線分が奇数出ているもの，偶数点は交点から線分が偶数出ているもの）。ここから，子どもたちは「奇数点だけではだめだけど，偶数点が混じっていれば一筆で書ける」ことを発見していく。

すると，次に教師は次の図形を示し，一筆で書けるかどうかを問う。

これは奇数点と偶数点があるが，一筆で書けないことに気づく。「どこが違うかな。何か規則はないかな」と問うていく。これも「ゆさぶり」である。

「ゆさぶり」によってより豊かな「試行錯誤」が生まれる。そして，「推理・検証」が始まり，最終的に「発見・創造」が生まれる。その過程で子ども相互の外言による異質で多様な関わりが展開される。「ゆさぶり」は，学習課題の設定の時点でも有効に働くことがある。

探究過程で生まれてきた新しい見方について，さらに新しい課題（謎）を創り出すのが「ゆさぶり」である。ただし，学習課題そのものにも「ゆさぶり」性は含まれている。国語の授業で「閑かさや岩にしみ入る蝉の声」を読む際に教師は「何か気になるところない？」と問う。子どもたちは「蝉の声ってうるさいはずなのに，なぜしずかなんだろう」という「謎」を見つけ出す。それが学習課題となっていく。子どもたち自身が「ゆさぶり」を発見したのである。

❺ グループの人数・組み合わせの方法

アクティブ・ラーニングでは，グループが重要な位置を占めることが多い。その際にグループの人数は何人が適切なのか。それを考えていきたい。

まず，2人という「ペア」がある。特に低学年であったり，グループ学習

に慣れていない段階では，まずはペアからという場合がある。人数が少ない方が話し合いがしやすいからという理由であろう。

　しかし，ペアは，場合によってはグループよりも話し合いにとって不利な状況が生まれることがある。2人の関係が良好である場合はよい。しかし，少しでもよそよそしさや，とまどい，気持ちのズレがある場合は，ペアの学習が止まってしまう危険がある。逆にたとえば4人のグループだと，仮にその中の誰かとよそよそしさがあったとしても，4人という関係性の中でそれがカバーされる。あるいは顕在化しないままでいられる。大人でも同じであろう。2人だけになるより，3人～4人くらいのグループの方が気楽に話ができるということは少なくない。

　また，2人だと異質性・多様性を創り出す点で弱い面がある。2人だから異質よりも同質を目指そうとする気持ちが生まれやすい。まして「反対」「違う」は言いにくい。しかし，3人～4人だと異質性・多様性は出しやすい。人数が多くなるということもあるが，2人より関係に距離や遊びがあるので，ゆるやかに他の人の意見を聞いていられる。その中で異質な意見も出しやすくなる。「反対」「違う」も比較的出しやすくなる。

　もう一つ言えばグループには，一定の「シェルター」としての役割がある。「一人一人」が個の意見として学級の前で発言したり対話したり討論したりということは，学習に自信がない子どもにとってはハードルが高い。しかし，グループだと意見を言うことがずっと簡単になる。気軽に言える。学級全体に意見を出す場合も，「グループの意見」として出すことができる。やはりハードルが低い。討論になっても，グループの自分以外の子どもが発言を支えてくれることもある。「シェルター」機能もグループの大切な要素である。

　ペアがいけないわけではない。既習事項を確認したり，ロールプレイ的な演習を行う場合はペアの方が有効である場合がある。簡単な意見交換もペアが有効に働く場合もある。ただし，少し本格的な課題解決のアクティブ・ラーニングでは，話し合いが成立しないペアがいくつも生まれる危険がある。

　グループ学習では，よく4人のグループが作られることが多い。なぜなの

か。学級の人数の関係で4人グループと3人グループが混じることもある。5人程度のグループも中学校，高校などでは見ることがある。

　まず，6人以上の場合を考えてみよう。6人のメンバーがいると，異質性・多様性はより担保される可能性が高い。それらがうまく関わり合えば，より高度な探究が展開される可能性がある。ただし，6人の場合，1回の話し合いで発言できる子どもがかなり限定されてくる。仮に4分間の話し合いの場合，240秒を単純に6で割ると1人40秒の発言機会ということになる。たとえば4人の場合の1人60秒に比べて単純計算で3分に2となる。しかし，実際には何人かの子どもが話をし始めると，発言の機会がないままという子どもが複数出てくる可能性がある。そうなると，グループの話し合いの時間をそれなりに延ばすことが必要となる。もちろんそれは悪いことではない。しかし，それを配慮すればするほど授業時間が残り少なくなる。話し合いの回数も限られてくる。話し合いの時間が長くなればなるほど，グループ相互の話し合いの進行・展開の差が大きくなる傾向にある。

　また，司会（リーダー）が話し合いをリードする場合，6人つまり自分以外の5人の話し合いをリードし調整することは，かなり難しい仕事となる。4人だから簡単であるというわけではないが，仮に4人グループの中に1人でも自分を強くサポートしてくれるメンバーがいれば，2人で後の2人をリードするというかたちになる。しかし，6人グループだと，強いサポーターが複数いないと，なかなか5人をリードするのは難しいかもしれない。また，6通りの意見・見解が出た場合，それを整理していくことはより難しくなる。

　6人以上がいけないと決めつけることはできない。実際に私の大学の授業で100人以上の受講者がいる場合など，6人のグループを作ることもある。大学生だとそれで質の高い話し合いが可能となることもある。しかし，小中学生の場合は，6人以上はかなり話し合いが滞る危険がある。

　グループの人数が3人，4人，5人について考えてみると，5人でもやや多いと感じる場合がある。これは6人で検討したことと似ていて，場合によっては1人の発言時間が制限されるか，全く発言できない子どもがより出や

すくなる。とは言っても，子どもの学年，グループ学習についての習熟度，学習課題・学習内容などによって5人の方がよい場合もありうる。

　3人も悪くない。ペアのように固まることもなく，それなりに異質性・多様性も担保できる。一人一人の外言化の時間もより保障される。司会（リーダー）もよりリードしやすい。ただし，学習課題・学習内容によっては，異質性・多様性に弱さが出る場合がある。

　4人をグループの基本としつつ，しかし絶対化せず，学年や学習課題や学習内容，子ども集団の質，アクティブ・ラーニングへの習熟度などによって，それらは3人になっても5人になっても，それ以上になってもよいと考える。ただし，その見通しなしに「何となく○人」は避けるべきである。

　組み合わせは，上記の検討から明かであろう。質の高い異質性・多様性を担保するためには，当該教科や学習課題・学習内容に関わり子どもの組み合わせも異質性・多様性を重視した方がよい。もちろん当該教科の基本的な教科的力量，発言が得意な子ども・不得意な子ども，男子・女子が混じっている方がよい。思考のあり方も多様な子どもがいた方がいい。ただし，一方であまりにも距離が遠い子ども相互だけだと，「気楽に」「気軽に」発言するとか，「シェルター」としての機能が弱くなる可能性もある。リーダーも，ほとんど日常的に話をしたことがない子どもだけだと，リードをしにくい。はじめは，そういった子ども相互の「距離」もそれなりに重視しつつ，同時に上記の異質性・多様性を確保していく組み合わせが望ましいことになる。

　必ず1つのグループに話し合いをリードする子どもを配置することも必要

である。また，ややリードの経験の少ない子どもを司会にする際には，相対的に強めのフォロワーを一緒のグループにするなどの配慮も必要であろう。

そして，このグループは，時々組み替える必要がある。グループの学習を通じて「距離」の遠い子ども相互の「距離」が縮まることもよくある。

確かに，学習の難易度が低い場合は，たとえばお掃除のためのグループをそのまま学習のためのグループにしても問題ない場合がある。（いわゆる「生活班」である。）しかし，学習の質が高まってくると，上に示したようないくつかの要件を配慮しながらの意図的なグループ編成が必要となる。

①異質性・多様性を担保できる子どもの多様性
②比較的「気軽に」話し合える関係も必要
③司会（リーダー）候補を必ず1人は入れる
④経験の少ない司会（リーダー）のグループにはリーダー経験のあるフォロワーを入れる

前頁に4人×8グループ編成の際の机の配置例を示した。左右のグループの机に角度をつけているのは，子どもが板書や前に立ったときの教師をより見やすくするためである。

❻ グループの話し合いの時間設定と回数が重要

グループでの話し合いの時間については，以下の要件が大切である。

①グループのメンバー全員が自分の（仮説的）意見・見解を外言化できるだけの時間であること
②外言化した意見・見解を一定時間，検討し合う時間があること

ただし，だからと言って，長いグループの話し合いの時間を長く取りすぎると，話し合いがどんどん進行しているグループとそれができないで停止し

ているグループとの差ができてくる危険がある。特に停止しているグループにとっては，学びが保障されないことになる。

　また，1回のグループの時間を長く取りすぎると，グループ→学級全体→グループ→学級全体……といったより高度な検討ができなくなってくる。「グループ→学級全体」が一度しか行われない学習だと，一部の子どもたちだけの活躍で授業が進行する傾向になる。

　学級全体のより複雑な検討過程を，一度グループに戻し再検討することで，検討が学級全員のものになる。

> ③1回の話し合いの時間を長く取りすぎないこと

　45分・50分の授業では，1回の話し合いを5分前後から始めるくらいの方がよい。必要に応じて，もう少し短めの話し合い，もう少し長めの話し合いを設定していく。また，一度「4分」と設定しても，明かにほとんどのグループで時間が必要と判断した場合には「1分延長」などをしていけばいいのである。はじめから長めだと，これができない。10分以上になると，どんな良い話し合いでも，グループによる検討の差が大きくなり，次の展開でグループによる話し合いを何度も設定できなくなる。学習課題・学習内容にもよるが，たとえば1つの授業でグループの話し合いが1回だけというのは，一般的に見て少なすぎる。

> ④「一人一人」⇔「グループ」⇔「学級全体」を何度も相互に繰り返した方が，一人一人の学びを保障しつつ集団的な学び合いが展開できる

　学級全体になると，どうしても論議のスピードは速くなりがちであり，授業が展開すればするほど高度な話題になってくる。そういうときに「この論議についてこられない子どもはいないか」「論議の意味は理解できていても，自分の見解を見直す時間は必要ないのか」を教師は判断し，必要に応じてグ

ループでの話し合い，1人だけの思考の時間を保障する必要がある。
　なお，グループでの話し合いのモデルとしてたとえば次などがある。

```
a　グループメンバーが自分の思考（仮説）を話す。
　　　↓
b　リーダーがそれらを整理する。
　　　↓
c　相互に質疑をする。
　　　↓
d　ほぼ一致している場合は，具体例を探すなど発展させる。
　　一致していない場合は，相違点を解明しながら討論する。
　　　↓
e　学級全体に何を発言するかを決める。
　　　↓
f　発言者を決める。（発言は複数でリレーしてもよい。）
```

❼ 司会＝グループリーダーを決めて丁寧に指導する

　司会なしでもグループの話し合いは成立する。ただし，たとえばグループが10あった場合，その話し合いの質にグループ相互で大きな差が出てくることがある。話し合いがうまくいっていないグループには，教師が援助し助言していく。しかし，限られた時間の中でそういくつものグループに入ってはいけない。また，話し合いが高度に展開しているからこそ，教師の助言がほしいというグループもある。そういうグループへの指導も大切である。
　グループを生かした学習は，子どもの主体的な学びを創り出し，外言化の機会を飛躍的に増やし，異質性・多用性を鍵に試行錯誤や発見が生まれる優れた面を多くもっている。ただし，一方では多くのグループに教師不在の状態を作り出してしまう学習でもある。だから，グループによる話し合いの質

の差を少しでもなくし，どのグループも一定以上の質の話し合いが展開できるようにするために司会（リーダー）を設定する必要がある。

　司会の決定には様々な方法がある。教師の指名，子ども相互の互選，輪番制，くじ引きなどである。基本的には，はじめの段階では教師が指名するかたちが望ましい。アクティブ・ラーニングに慣れていない場合，司会（リーダー）の役割を果たせる子どもは限られてくる。もちろん一定期間が過ぎた後で，司会（リーダー）交代をすればいいのである。多くの子どもがそれなりに司会ができるようになった段階では（ないしははじめからそれに近い状態なら）輪番制でも，互選でも，くじ引きでもよいということになる。

　「司会（リーダー）」と書いてきたが，司会はリーダーである。決して交通整理をして，意見を聞くだけの役割ではない。学習課題の質にもよるが，より高度になればなるほど追究過程は，複雑で多様となる。それを，ただ並列で整理し「あれもある，これもある」「あれもいい，これもいい」と受け入れているだけでは探究は深まらない。「２つのやり方はどこが違うのかな？」「どっちが，わかりやすい説明かな。」「さっきの千尋さんの意見と，よく似ているけど違いはない？」「それって本文のどこに書いてあったっけ。」など，学習をリードすることが求められてくる。もちろん，特定の子どもだけが発言するのではなく，グループの全員が発言できるように配慮する。今検討されていることがグループ全員に理解されているかどうか確認する。グループの代表として発言する人を誰にするかを決める」「話し合いの時間を延長するように先生に要求する」などの役割を果たすことも求められる。

　（先生方の授業研修会・研究会などでの検討会の際の司会はただのお世話役・交通整理役ではない。授業の優れた点，課題，改善点などを限られた時間の中で，試行錯誤しながら解明していく，そのリーダーである。だから，授業検討の司会は，通常研究主任の先生が担当するのであろう。）

　とは言え，司会（リーダー）指導の際に，教師があまりにも過度の役割を与えると，子どもは司会を嫌うようになる危険がある。はじめは，最低限の「司会のコツ」を指導し，それを実行できるように援助する。そして，それ

ができるようになったらそれを一つずつ増やしていくという指導が望ましい。たとえば，はじめは次の3点くらいを指導する。

①グループの全員が発言できるように促し援助する。
（そのために，1人の発言時間を決めたり，「○○さんはどう思う」など問いかける。）
②学級全体にグループの意見として発言するときに，誰が発言するかを決める。（なるべくいつも同じ人でない方がよいが，どうしてもできないという場合は無理強いはしない。）
③「時間延長」「黒板を消さないでください」「声が聞こえません」などの要望をグループを代表してコールする。

③はハードルが高い。①と②だけから始めてもよい。いずれにしても駄目出しするのでなく，常にほめながら司会指導することが必要である。
また，3つの次にはたとえば次のような指導が考えられる。

④学級全体にグループの意見を出すときには，どのように話すといいか確認してあげよう（できればリハーサルもしよう）。
⑤4人の意見をグループ分けしてみよう。
⑥大きな2つの意見に絞って，どこが違うか話し合ってみよう。
⑦意見が対立しているときは，討論を進めてみよう。
⑧出す意見が決まったときは，別のグループからどういう反論が出るか予想してみよう。

司会指導は，「授業の直前に1分だけ廊下でする」「授業に入って本文の黙読のときに教室の前で2分だけする」「授業が終わった直後に1分だけ廊下でする」など，短い時間でさっと済ませることが必要である。子どもがいやがらなければ，司会が新しくなった際に限り，昼休みなどに別室で15分だけ

第5章 アクティブ・ラーニングが成功する8つの指導のポイント

「司会者会議」をするという方法もある。

❽「振り返り」で学びの質が上がり確かなものとなる

　通常の授業でも「振り返り」は大切である。ただし，アクティブ・ラーニングのような探究を重視する授業ほど「振り返り」はより重要な意味をもつ。それは「学習課題」を追究・探究していくと，その過程で様々な思考・見方が生まれてくる。異質な意見が組み合わせられ，新しい見方が生み出されることもある。より根幹に関わる発見と相対的に枝葉にあたる発見とが混在することもある。それらを教師は授業の途中で立ち止まりながら整理し意味づけていく。とは言え，学び全体が複雑な場合，子どもたち全員がそれを構造的に把握できていない場合がある。

　「振り返り」では，学習課題を再度確認した上で探究過程と複数の結論を整理し直していく。また，それ以前の学習との関係，今後にどうつながるかという見通し，また「今日の発見は最先端の研究ともつながる」など，本時の学びを社会的に文脈化することも重要である。メタ化，文脈化である。

　その際に板書が重要な位置を占める。「構造的板書」などということもあるが，良い板書は，探究過程が俯瞰できるように構造化されている。まずは「学習課題」を再度一斉読などで確認した後で，授業の探究過程を振り返り，主要なグループや子どもの名前を挙げながら，発見・成果を再度マークしていく（たとえば黄色いチョークなどで囲む）。そして，「そうすると，大きくは今日は３つの発見があったね。」などと意味づけ，「これは，実は１学期に勉強した〇〇〇とつながっているね。」「そして，これは〇年生になったときに，生きる発見なんだよ。楽しみだね。」などと文脈化する。

　だから１時間の板書はできるだけ消さないで探究過程が最後に俯瞰できる方が望ましい。板書のスペースが不足する場合は補助黒板などを使う。

　その上で，授業の終末で子ども一人一人に「今日の授業でこれが印象に残った」「今日の一番の発見」などを書かせていく。そして，時間があれば何人かの子どもに発表させる。そして，最後にノートを集めて，子どもたちが

書いたものを教師が確認する。

　これらの「振り返り」は，板書を確認しながら学びをリフレクトしたり，文脈化したり，子ども自身が書いたりする過程であるから，すべて「外言化」を強化し発展させる意味をもつことになる。

　算数・数学などの場合は，「確認問題」「発展問題」を実際に子どもが取り組むことが「振り返り」に含まれることもある。このあたりは教科の特性や単元の特徴などによって違ってくるはずである。

第5章のポイント

アクティブ・ラーニングが成功する8つの指導のポイント

① **「学習課題」の切れ味**が問われる
　　a 子どもたちに豊かな試行錯誤や推理・検証過程が生まれる課題
　　b 子どもたちの既有の知識・スキル，方法などで解決できない課題
　　c 子どもたちに「飛躍」が起こり「謎」の解決・発見が生まれる課題
　　d 子どもたちに知識・スキル，方法・方略などの学力が身につく課題
　　e 子どもたちが追究してみたいという意欲・関心がもてる課題
② グループの話し合いの前に必ず**「一人一人の思考」を保障**する
③ 教師の**「助言」が探究の質を左右**する
　　a 子どもが思考していくための方法を示唆する―方法助言
　　b 子どもの思考を励ましたり方向を示唆したりする―促進助言
④ ここぞというところで子どもたちを**「ゆさぶる」方法**
⑤ **グループの人数・組み合わせ**の方法
⑥ グループの**話し合いの時間設定と回数**が重要
⑦ **司会=グループリーダー**を決めて丁寧に指導する
⑧ **「振り返り」**で学びの質が上がり確かなものとなる

第6章

アクティブ・ラーニングを生かした小・中学校の探究型授業
小学校・国語，小学校・算数，中学校・国語の授業記録

　「アクティブ・ラーニング」を生かした国語と算数の授業事例を紹介する。
　1つ目は小学校国語である。5年生に行った古典の授業である。教材は「徒然草」の「高名の木登り」及び「ある人，弓射ることを習ふに」である。この2つの章段に共通する「説得力の秘密」を解き明かしていく授業である。授業者は大庭珠枝教諭（秋田大学教育文化学部附属小学校）である。[注57]

　2つ目は，小学校算数である。6年生に行った「一筆書き」の授業である。「ケーニヒスベルクの橋」で有名な「グラフ理論」に関わるものである。一見難しそうな課題を子どもたちが解き明かしていく。授業者は堀井綾子教諭（秋田大学教育文化学部附属小学学校）である。[注58]

　3つ目は，中学校の国語である。1年生に行った小説「少年の日の思い出」の授業である。この小説の「語り」の構造に着目させながら，批評的創造的に作品を読み広げていく。授業者は長谷川貴子教諭（秋田公立美術大学附属高等学院）である。授業は長谷川教諭が秋田大学教育文化学部附属中学校に在籍していたときのものである。[注59]

　3つともに，「学習課題の決定→一人一人の思考→グループの思考→学級全体での追究」というかたちの探究型の授業である。

❶ 小学校・国語「徒然草」（兼好法師）の授業記録（5年）
　―「徒然草」第109段「高名の木登り」
　　　第92段「ある人，弓射ることを習ふに」

　これは教科書にない教材を，大庭珠枝教諭が教材開発したものである。学習指導要領の「伝統的な言語文化と国語の特質に関する事項」の小5・小6の古典に関する「昔の人のものの見方や感じ方を知ること」に応えるもので

ある。「昔の人のものの見方や感じ方を知る」ためには解説文を読むだけでなく，実際に本物の古典に触れ，それを読み深めることこそが必要であるという発想で開発した。「徒然草」は通常は小学校では取り上げないが，あえて取り上げることで小学校でも十分に豊かで探究的な古典学習ができることを証明しようとしたものである。その上，２つの段を取り上げている。これら２つの段は，主題や書きぶりに共通点があり，比べ読みを通して読み深めるのに適していると考えたのである。（なお大庭教諭が秋田大学大学院に現職派遣に来た際の授業であり阿部が指導教官として関わった。）

　学級は５年Ｂ組（男子14名，女子16名，計30名）。2015年10月28日５校時の授業である。４人グループが６つ，３人グループが２つある。

　教材本文は次頁のとおりである。(注60) これらの現代語訳や語句の意味については，丁寧に指導している。その上で本時では，「読者を納得させる書き方の工夫は何か」という学習課題で第109段「高名の木登り」第92段「ある人，弓射ることを習ふに」に共通する書き方（文章構成や例示の仕方，表現の工夫）などをメタ的に解読させていっている。

（１）学習課題の確認

　本時の「学習課題」は，前時に教師と子どもの対話の中で設定してある。そして一人一人が家で２つの段の書き方の工夫について考えノートに記してくるよう指示をしてある。はじめに２つの段を子どもたちに音読させる。

　学習課題を板書し，一斉読をさせる。そして指示を出す。

> 説得力をもたせる書き方のひみつは何か。

教師　大事なひみついっぱいあるんだけど，これとこれとこれはぜひみんなに伝えたいなっていうもの３つぐらいに絞ってほしいんです。５分でいきます。では，これはすごく大事だなってひみつを３つにしぼりましょう。はいどうぞ。

第一〇九段

① 高名の木登りといひし男をのこ、人をおきて、高き木に登せて梢を切らせしに、いと危く見えしほどは言ふ事もなくて、おるるときに軒長ばかりになりて、「あやまちすな。心しておりよ」と言葉をかけ侍りしを、「かばかりになりては、飛びおるるともおりなん。如何にかく言ふぞ」と申し侍りしかば、「その事に候ふ。目くるめき、枝危きほどは、おのれが恐れ侍れば申さず。あやまちは、やすき所になりて、必ず仕る事に候」といふ。

② あやしき下﨟なれども、聖人の戒めにかなへり。

③ 鞠まりも、難き所を蹴出してのち後、安く思へば、必ず落つと侍るやらん。

第九二段

① ある人、弓射る事を習ふに、もろ矢をたばさみて的に向かふ。師の言はく、「初心の人、ふたつの矢を持つ事なかれ。後の矢を頼みて、はじめの矢に等閑の心あり。毎度ただ得失なく、この一矢に定むべしと思へ」と言ふ。わづかに二つの矢、師の前にてひとつをおろかにせんと思はんや。懈怠の心、みづから知らずといへども、師これを知る。

② この戒め、万事にわたるべし。

③ 道を学する人、夕には朝あらん事を思ひ、朝には夕あらんことを思ひて、かさねてねんごろに修せんことを期す。況んや一刹那のうちにおいて、懈怠の心ある事を知らんや。なんぞ、ただ今の一において、直ちにする事の甚だ難き。

（2）グループでの学び合い—その１

　子どもたちはグループごとに話し合いを始める。通常は一人一人の思考時間を与えるが、本時は既に各家庭で行っているのでグループから始める。

　４人グループが６つ、３人グループが２つある。それぞれに司会者がいる。教師は机間指導を始める。ただし、１回目のグループの話し合いなので、グループの助言は抑えめである。

【１班の話し合い】

子どもA　例を書いている。
子どもB　どうしてそれがいいの？
子どもA　例を書いていればわかりやすいから。
子どもC　それとつなげて、どちらの詩も例を２つ挙げていて強く何回も言っているから、説得力をもたせられるなと思いました。次ありますか、ひろ子さん。
子どもD　私は似ている経験が２こもあるから、自分たちは納得できるということと、どちらも例１考え例２となっているから説得力をもたせられると思います。

　２つの段ともに、具体例が２つ挙げられていることでより説得力を増していることに気がつく。109段で「高名の木登り」と「蹴鞠」の２例を、92段では「弓射る事」と「道を学する」ことの２例をそれぞれ挙げている。子どもAは、子どもBの問いかけに答える中で自分の見方を整理している。子どもC・Dは、「わかりやすい」を「説得力」「納得」に発展させている。

【1班の話し合い】

子どもD　例を挙げて想像しやすいからわかりやすいんじゃない？

子どもC　例が2つあって1つより2つの方がわかりやすいじゃん。あと，何が出たっけ？

子どもA　あとは例から，考え，例2ってなってる。

子どもC　考えが書かれているっていうこと？

子どもB　じゃあ考えが書かれているということも入れて，例と考えと……。考えを入れることで何が良いんだろう？

子どもD　読者の人が共感できる？

子どもC　読者の人がなるほどって思ったり，そんな風に思える。

　　　　　　　　　（中略）

子どもD　これ（例1のこと）をこれ（考えのこと）で深めるでしょ。さらにそれで例を挙げればもっと納得させてもらえるから。

子どもB　例と考えを言ってから，最後に流れ，順序を説明すればいいんじゃない？

子どもC　ここで深めてからの例，それを（学級全体に）言って。

　例があることで「想像しやすい」（子どもD）という見方に発展している。さらに子どもAは「例から，考え，例2」と「考え」が2つの例の間に挟まれていることを指摘する。109段では「聖人の戒めにかなへり。」を，92段では「この戒め，万事にわたるべし。」という考え（一般化）がされている。

　子どもたちは「なるほど」「納得」と言い直し「順序」の大切さ指摘する。

　他のグループでも「例をいくつか出している」ことの効果，その間に「一回考えをはさんで」いることの効果に気づき始めている。

　子ども相互が考えを連鎖させ発展させながら，新たな見方を誘発している。

（3）学級全体での学び合い―その1

　その後，学級全体の意見交換に入る。すべてのグループが挙手している。

教　師　では，1班さんからどうぞ。
子ども（1班）　最初に，まず，どちらの段も例1，例2の2つ挙げてて，強くしている点がありました。
　　　　　　　　　（中略）
子ども（4班）　例が2つあるときに，当時の読者がお坊さんとか貴族だったので，例えば「高名の木登り」では「毬」，これは貴族の遊びで，貴族が当時の読者だったので，自分たち（貴族）もそういうことがあったなってなったとき，納得できるような例を出す。例えば庶民の遊びとかで例えられても，貴族には意味がわからない。

　「徒然草」の当時の中心的な読者は，字が読める貴族や僧侶であった可能性が高いことを，子どもたちは既に学習している。そこで，それぞれの2つ目の例—109段の「蹴鞠」92段の「道を学する人」は読者群にとっては身近な例であり，それが説得力を増していると言っている。
　2つ目の例について，似た発言が他のグループからも出たので，教師は1つ目の例にも着目させようとする。

教　師　例1にはこんなことが書かれてあるよとか，例1の書き方がこんな風になってるからわかりやすい，納得できる，説得されるっていうことないかな？
子ども（3班）　括弧を使っていることで説得力が深まり，自分の意見だけではなく人の意見を入れることで，説得力が深まるのだと思いました。
教　師　鉤括弧が入っている。これ見つけてた人手を挙げて。
　　　　（約半数挙手）
　　　　　　　　　（中略）
子ども　似てるんですけど，しゃべったことも入れると，実際そうだったってことがわかる。実際にこういうことがあったとわかる。
教　師　なるほど。鉤括弧のことに関連して付け足しありませんか。どうぞ。

子ども（5班）　自分の意見だけ言うんじゃなくて，鉤括弧でダイレクトに弓を射ることを習っている人と，弓を射ることを教えている師の人の言葉も入れることで，いろんな人の言葉がわかるから，説得力がある。

似た意見が続く。教師は再度グループでの話し合いを指示する。

（4）グループでの学び合い―その2
【5班の話し合い】

子どもE　本当の実話みたいになっている。
子どもF　信じられないから。言葉だったら信じられるようになる。
子どもG　共感できるっていうか……。
子どもE　だから，鉤括弧。
子どもH　あー，共感。
子どもE　共感できるってことだから…。「あやまちすな。心しておりよ」って，例えば鉤括弧がなければなんか……。
子どもF　なんか自分で思ってて，本当に思ったのかなってなるけれど，本当にしゃべったって鍵括弧がついてるなら，なんか……。
子どもG　しゃべったっていう実感わいてくる。
子どもF　信じられるっていうか。
教　師　あー，信じられるっていうことなのね。
子どもE　信じられるし，共感もできるっていうことか。
子どもH　あー！
教　師　本当にこういうことがあったんだなって信じて読んじゃうってことね？　なるほどね。それ面白い。
子どもE　だから鉤括弧をつけて，わざと鉤括弧をつけてやってる。

「あやまちすな。心しておりよ」とか「この一矢に定むべしと思へ」といった会話文をはじめとして1つ目の例は，明らかに描写的である。（それに

対し2つ目の例は説明的である。）だから，生き生きとその場の様子が読者に伝わってくる。実況中継のようである。物語的とも言える。だから，子どもたちは「本当の実話」「本当にしゃべった」「実感がわいてくる」と解釈し，「共感」「本当にこういうことがあったんだなって信じて」という説得力につなげている。他のグループでもこれに近い検討が出ていた。たとえば子どもGははじめ「共感」という解釈だけであったが，他の子どもの発言を聞いているうちに「しゃべったっていう実感がわいてくる」と解釈を発展させている。ここでも，子ども相互が考えを連鎖させ発展させつつ，新たな見方を誘発している。

　2回目のグループの話し合いなので，ここで教師は以前よりグループの話し合いに噛んでいる。それでも「あー，信じられるっていうことなのね。」「本当にこういうことがあったんだなって信じて読んじゃうってことね？なるほどね。それ面白い。」と，子どもたちの発言を繰り返しつつ評価するだけに止めている。ただし，考える切り口が見つからないグループには「会話文があるとどうして説得力があるの？」など助言を出している。

（5）学級全体での学び合い―その2

　その後，再び学級全体の意見交換に入る。ほとんどのグループが挙手する。

教　師　8班さんどうぞ。

子ども（8班）　鉤括弧があると，会話で，読んでる人に本当にあったっていうことが，やっぱりわかりやすいっていうことと思います。

教　師　本当にあったってわかる。関連して。5班さん。

子ども（5班）　鉤括弧つけると，例えば「あやまちすな。心しておりよ」のところに鉤括弧つけると信じられるし共感して読める。

　　　　　　　　　（中略）

子ども（7班）　鉤括弧も何にもない普通の文章だけでべらべらべらべら書いてると，実際にあった感がないじゃない。鉤括弧があると，「あったこと話してるんだ」ってわかって，ストーリー性が出てき

　　　　て面白くなるみたいな。
　教　師　ストーリー性か。
　　　　　　　　　（中略）
　子ども（2班）　自分の頭の中に映像が出てくるじゃないですか，読むと。
　教　師　みんなどう？　鉤括弧があって読むと，頭の中に映像って出てくる？
　子ども（口々に）　出てきます。出てくる。
　子ども　実際にあった感が強くなる。
　　　　　　　　　（中略）
　子ども　例1は「なになにだ」とか「なになにという」とかで終わってる部分は，最後まで言いきってる感じがするから，説得力がある。
　教　師　文の最後ってことですか？　文の最後がきちっと強く言いきっている感じがする。例えばどの辺かな？　みんなも探してみて。
　子ども（口々に）「心しておりよ」「定むべしと思へ」「なかれ」（等）

　ここでは描写性に関わって「ストーリー性」が出てきた。また，同じ会話文でも文末の強い表現にまで解釈が広がっていった。
　その後，もう一度短いグループでの話し合いを経て，これまで学級全体で出てきたもの以外の工夫を出していく。様々な工夫が出てきたが，ここではじめに1班が話していた例1→考え（一般化）→例2という順序性に関する意見が出る。「この例1と例2の間に『考え』を入れてることで深まるじゃないですか。なるほどって。」（1班）

(6) 振り返り

　そして，最後に「振り返り」である。まずは教師が板書を指摘しながら発見を整理する。
　教　師　例が2つあって，2個もあるからいいんだなって最初出たんだけど，ただ2個あるだけじゃなくて，1つ目と2つ目に書かれてあることは全然違っている。1つ目は鉤括弧なんかもあってすごく生き

生きした書き方だ。でも，2つ目の方も印象に残せるようにわざと最後に書いたんだね。

そして，「振り返り」の一環として子どもたちに「まとめ」を書かせた。本時では2人にそれを発表させ授業を終えた。

次のような「まとめ」である。

1と2の例にはたくさんの工夫がありました。その中でも私は作り方が大切だと思います。例1では鉤括弧を使うことで説得力が増したと思います。例1はとても大切ですが，例2にも説得力の増す秘密が隠されていたと思います。それは当時の読者に合わせた例を書くことです。そのことを書くことで，例1にも負けないくらいとても大切なことが隠してあったと思います。その他にもたくさんありましたが，一番大切なことは兼好さんが読者に合わせて説得力をもたせるということだと思います。例→考え→例の順に書いてあること。最初の例1は実際にあったことや他の人（名人）の話を強調している。「考え」では，戒め，万事などと自分の考えを書いている。例2では当時の読者にとって身近なことを書いて共感できる内容にしている。こんなふうに順序を考えているのがいいなあと思いました。

以下が最終板書の一部である。

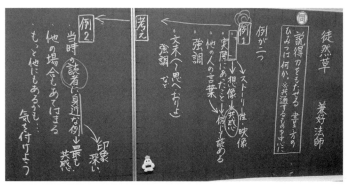

❷ 小学校・算数「一筆書き」(グラフ理論) の授業記録 (6年)
　―「一筆書きのできる図形のきまりを見つけよう」

　この授業は堀井綾子教諭が教材開発をし実践したものである。「グラフ理論」にも通じる図形の「一筆書き」の授業である。学級は6年A組(男子15名,女子17名,計32名)。2016年2月18日4校時の授業である。
　テーマも教材もこの授業で子どもたちに初めて提示する。

(1) 導入から学習課題の設定へ

　教　師　今先生が,ある図形を出します。仲間分けをするので,理由を考えてみてください。「できる」「できない」で考えてください。
　(そして,次の図形を示す。以下 (A)～(F) は阿部が便宜的に付けた。)

　教　師　これは(正方形)「できる」。でも,これ(矢印)は「できない」。

　教　師　これは? (と,次の図形を示す。)

　子ども　(口々に)　できる。
　教　師　これは「できない」。

子ども （口々に）　えーっ。
（続いて次の図形を示す。）

(D)

子ども　わかった。できた，できた。
教　師　そのとおりこれは「できる」。
　　　　（もう一つ，新しい次の図形を示し）これは「できる」。

(E)

教　師　（また，新しい次の図形を示し）これは「できない」。

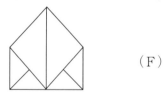

(F)

黒板上段に「できる」ADE，下段に「できない」BCFが貼ってある。
子ども　（口々に）わかった。わからない。
教　師　周りと話していいよ。
（40秒ほど周りの子どもと話し合った後に）
子ども　（口々に）一筆書き。
教　師　同じところを通らないで書ける図形ね。本当に書ける。
（その後，挙手した子どもたちを指名し前に出し実際に確かめる。）
教　師　じゃあなにか，こっちができるよって決まりはあるの？　ありそう？　はいそれじゃあ課題。なんですか？　一筆書きの……？
子ども　（口々に）　きまり。

教　師　きまりを？

子ども（口々に）　見つけよう。

教師は学習課題を板書する。

一筆書きができる図形のきまりを見つけよう。

（2）グループでの学び合い―その1

教　師　1人で考えよう。

この後，90秒一人一人が仮説を立てていく。

教　師　では，グループの話し合い，始めてください。5分。

子どもたちはグループごとに話し合いを始める。4人グループが6つ，3人グループが3つある。それぞれに司会者がいる。教師は机間指導を始める。

【7班の話し合い】

子どもA　これは偶数だから2だよね。

子どもB　どこ，どこ？

子どもA　ここ。（(A)の図形を指す。）

子どもD　このわけ目が2個だってこと？

子どもC　1，2，3，4。（(C)の図形の交点の線を数えている）
　　　　　偶数だったら，できる。

子どもB　割れ目って言うのかな。交差しているところが偶数だったからいいってこと？（(E)の図形を数え始める。）

子どもA　そういうこと。何て書いた？

子どもC　「交差している部分が偶数だったら」

子どもD　自分で図形作ってみよう。

（A）の正方形の直角の部分について，頂点から2つの線が出ていると意味づける。そしてそれを，「偶数」と言い直したことで，（C）の交点から出

ている線の数が偶数であることに発展する。さらに（E）でもそれを確認する。また，交点を「わけ目」「割れ目」や「交差している部分」と外言として名づけ「きまり」にしていこうとしている。

【3班の話し合い】

子どもE　偶数だと一筆書きできる。

子どもF　辺から線が出ていたら一筆書きできるのかな？　できないのはやっぱり頂点から線が……。

教　師　辺かとか頂点とかに着目してるのはすごく面白い。

子どもG　できない方は1つのところから枝分かれしています。

教　師　できない方を考えたの，すごく面白いよね。

子どもD　ここの交わるところから出てくる線が偶数だって考えたんですけど，こっちのできない方は……。

子どもH　奇数。

3班は，「できる」図形の点から出ている辺・線が偶数であることまではすぐに気がつき，「できない」グループが奇数であることにまでは気づく。

（3）学級全体での学び合い─その1

その後，学級全体の意見交換に入る。すべてのグループが挙手している。

子ども（8班）　一筆書きできるのは，偶数です。

子ども（7班）　数えると，これ（A）は2で，これ（D）は4で，（E）が4で偶数だと思います。

子ども（1班）　一筆書きできるのは，こういう分かれているところが奇数じゃなくて偶数で，こっちは奇数です。

子ども（3班）　私たちのグループでは，奇数というか1つの点から枝分かれしているって考えました。こっちも1つの点から3本に枝分かれしています。そしてこっちも，1個の点から枝分かれしています。

ほぼ同様の発言が続く。教師は1つの点から出ている辺が偶数の場合は「偶数点」と言い，辺が奇数の場合は「奇数点」と言うことを説明する。そして，以下のように板書を使い中間まとめをする。

((A)(D)(E)の横に) 1つの点から出ている辺の数 →偶数だとできる	((B)(C)(F)の横に) 1つの点から出ている辺の数 →奇数だとできない

続いて，より高度な問題に取り組ませていく。新しい図形を示す。

教　師　ところがですよ。これはどう？

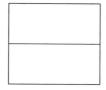 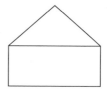

子ども　偶数点と奇数点が混じってる。
子ども　でも，できるよ。

ともに一筆書きができることを確認する。その上で2つの図形ともに奇数点が2カ所あることを子どもに指摘させる。そして次の図形を提示する。

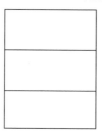

教　師　できる？

子ども　（口々に）できない。
教師　奇数点は？
子ども　4つ。できない。
教師　これとこれはできるが，4つになるとできない。6つになっても，8つになってもできない。どうして？　なにか理由があるんだよねきっと。これちょっと考えてみる？

（4）グループでの学び合い―その2

　1分ほど一人一人で考えさせた後，グループの話し合いに入る。
　ただ，どういう方向で検討したらいいかとまどっているグループがいくつかあると見た教師は，以下のような助言を出す。

教師　注目するところを決めてみたら？　偶数点っていうものと奇数点っていうものが，この一筆書きができる図形と，一筆書きができない図形の中でどんなことをしているかな。スタートとかって聞こえてきたけど。どんな役割ができるかな？　偶数点だったらこんな役割ができるよ，奇数点だったらこんな役割ができるよっていう風に。

【8班の話し合い】

子どもⅠ　そうだよ。スタートしたところ。ここだとダメなんだよ。奇数点からスタートしなきゃいけないんだ。違う？
子どもJ　あ，そうだね。
子どもK　確かに。
子どもL　奇数点で終わらなきゃいけない。見ててよ。
子どもⅠ　おおー。もっかいやって。（子どもD，やってみせる。）おおーすげえ。よくそんなの考えたな。おれも真似してみたいな。
子どもK　奇数奇数だから…ああ，いけるいける。
子どもL　奇数点で始まって奇数点で終わらなきゃいけないはず。
教師　こっちの方は？
子どもJ　これも，奇数点からスタートして，奇数点で終わる。これも

奇数点からやって，奇数点。もし間違ってここからやってしまうと……。

教　師　いかないよね？　じゃあ，奇数点の役割としてはどういう役割？

子どもK　スタートと……。

子どもL　ゴール。

子どもJ　出入り口。

教　師　じゃあ，偶数点は？

子どもK　通り道。

教　師　通り道？　奇数点は通り道にはならないの？

子どもJ　あ，なっちゃうからダメなの。

子どもI　スタート，ゴール以外の奇数点あったよね。

子どもK　あるある。だって，奇数点だけの図形あるじゃん。

子どもL　だから一筆で書けない。

子どもI　出入り口以外の奇数点があってはいけない。

【6班の話し合い】

子どもM　こっちはこういってこう。奇数点からスタートして奇数点で終わる。これも同じ。で，間違ってここからスタートしてしまうと，いけない。

教　師　じゃあ奇数点の役割としてはなんていう役割があるの？

子どもN　スタートとゴール。

教　師　じゃあ偶数点は？

子どもO　偶数点は通り道。

子どもP　奇数点から始まると，こういうふうになるけど，こっち（奇数点から始まらないと）はやっていけない。

（5）学級全体での学び合い―その2

その後，学級全体の意見交換に入る。すべてのグループが挙手している。

子ども（4班）　奇数点は，スタートとゴールの役割を果たしてて，そのスタートとゴール以外の奇数点があるといけない。

子ども（8班）　じゃあ結局2つ？

子ども（4班）　そうそうそう。

教　師　6グループさんどう？

子ども（6班）　奇数で始まって奇数で終わるのかなあと。マラソンとかでも4つスタートとゴールがあれば，どこから始まってどこに終わればいいのかわからないし，上2つだとスタートとゴールが明確になっているので。

子ども（2班）　またマラソンで例えるんですけど，スタートとゴールが2つずつあると，指示みたいなものがない限り絶対とまどうじゃないですか。奇数点が奇数だとスタートとゴールも1つずつあるので，目的地みたいなものが明確になっているので，図形の方でも奇数点が2つあると，一筆書きができる。

教　師　スタートとゴールっていう役割。じゃあ偶数点はならないの？

子ども（1班）　なる場合とならない場合がある。

子ども（8班）　偶数点はスタートでもゴールでも普通の通過点でも何にでもなれる。

教　師　今新しいの出てきた。通過点。偶数点は，スタートもゴールも通過点にもなれる。じゃあ奇数点は？　通過点になれる？

子ども（5班）　こう3つに分かれてると，こういったときに戻ってこないと一筆書きにならない。(子どもは指で矢印図形を書きながら説明。)

教　師　つまりこういうこと？（右の図を板書する。）
右から来て左へ行く。すると真ん中の線が残る。どうする？

子ども　戻るしかない。
子ども　ゴール。
子ども　スタートでも大丈夫。真ん中から上へ行ってから，どっか行ってから左から入って右に出る。
教　師　だから，スタートとゴール以外は……。
子ども　（口々に）だめ。／使えない。／無理。
教　師　だから，三角点が4つあったりすると困るんだね。
その上で以下を板書する。

奇数点	偶数点
スタート・ゴールだけ	スタート・ゴールできる
通過点だけだめ	通過点にもなれる

（6）振り返り

そして，「振り返り」「まとめ」に入る。

教　師　さっきマラソンの例面白いなって思った。偶数点は，通過点でもスタートとゴールでも，どれにでもなれる。奇数点はスタートとゴールにだけしかなれない。通過点になることはあっても，スタートかゴールでないとだめ。
　　　　まとめにいきますよ。課題に戻るよ。「一筆書きができる図形のきまり」は？　まずこっち。（前半の板書を指し示す。）
子ども　偶数点のみ。
子ども　奇数点だけはだめ。
教　師　奇数点は2つだけというきまり。

この後，応用問題3つに取り組ませる。子どもたちは簡単にクリアーする。
最後に教師は，今日の学習は有名な「ケーニヒスベルグの問題」につながることを説明する。

教　師　実は今日やった勉強，数学者が見つけたことです。みんな数学者と同じ勉強したんだ。こういう地図がある。（次の左の図を示す）1730年代のロシアのケーニヒスベルクという町にこんなに橋がある。それで「同じ橋を通らないで全部の橋を渡ることができるか。」っていう問題を出したんだ。でも，みんなすごい悩んだんだけれども，わからなかった。そしたら，オイラーって数学者が，グラフの研究していた人なんだけど，この絵を図形として見たんです。どういう図形かな？　ここを，こう見る。それでこう見る。それでこう見る。円と角のこういう形にしたんだね。（次の右の図を示す）(注61)こうやって，ちゃんと偶数点と奇数点をはっきりさせた。

　　　　これはでき……？

子ども　（口々に）ない。奇数点多すぎ。

教　師　できない，ということを証明した人なんだよね。この証明の仕方が，今日みんなが勉強したやり方です。オイラーさんと同じ見方をしたんだね。すごくない？

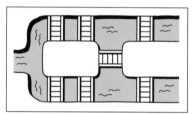
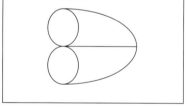

以下が最終板書の一部である。

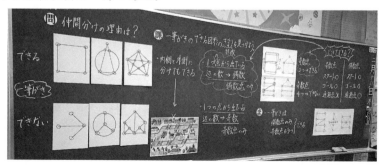

❸ 中学校・国語「少年の日の思い出」（H・ヘッセ）の授業記録（1年）—「語り手」に着目しながら2つのエーミール像を追究する

　中1の小説教材「少年の日の思い出」（H・ヘッセ，高橋健二訳）を長谷川貴子教諭が指導したものである。一人称小説であることに着目し「語り手」に着目しながら，エーミール像を再読していく授業である。[注62]

　この小説は「僕」という語り手により語られる一人称の作品である。だから，すべては「僕」の目を通して描かれる。この作品では少年・エーミールが重要な位置を占めるが，彼は「非のうちどころがないという悪徳」「子供としては二倍も気味悪い性質」「ただ軽蔑的に見つめていた」「冷然と」「あなどるように」などから冷酷で人間的な感情の薄いような人物として描かれる。その語りから彼がそういう人物であったという可能性は読める。ただし，同時にそれは「僕」から見たエーミール像であり，もしかすると「僕」に見えていないエーミール像が別にある可能性もある。そういった多面的な読みを，生み出すように書かれている。それを批評的に読んでいく授業である。

　長谷川教諭は，そのために，133〜134頁の2つの自作のリライト作品を子どもに提示する。Aはエーミールも傷ついていたという立場からのリライトであり，Bは「僕」の見方どおり冷酷さをもつという立場からのリライトである。どちらも，オリジナルの作品の書かれ方から解釈しうる範囲のリライトである。作品オリジナルはその後に示した。「この2つのどちらに自分は共感・納得できるか」を子どもたちに問い，作品本文に戻りつつ討論を展開していく授業である。1年A組（男子19名，女子18名，計37名），2012年6月1日の授業である。4人グループが9つ，5人グループが1つある。

（1）学習課題の確認

　本時の「学習課題」は，前時に教師と子どもの対話の中で設定してある。既に板書してある。

自分はA・B2つのエーミール像のどちらに共感するか。

A「そうか，そうか，つまり君はそんなやつなんだな。」
と言った。
　彼は，僕に自分のおもちゃをみんなくれると，言った。やはり彼は何もわかっていない。すると，今度は自分のちょうの収集を全部くれると言った。僕はそれを聞いて，あきれ，また悲しくなってきた。彼にはこのちょうの大切さがわからないのだ。それにいくらなんでも，そのちょうをポケットに入れてだいなしにするなんて，ちょうを扱う者としてはひどすぎる。僕はますます悲しくなってきた。僕がちょうをどんなに丁寧に扱い，正確に手入れして保管しているか，きっと彼にはわかってもらえないと思った。僕は悲しくてやりきれなかった。
　「結構だよ。僕は，君の集めたやつはもう知っている。そのうえ，今日また，君がちょうをどんなに取りあつかっているか，ということを見ることができたさ。」
　僕は，そう言うしかなかった。彼は顔色が変わった。僕の言葉に傷ついたのかもしれない。しかし，僕はもっと傷ついていた。ただ黙って無表情に彼の前に立ち尽くしていた。

B「そうか，そうか，つまり君はそんなやつなんだな。」
と言った。
　すると，あいつは僕に，自分のおもちゃをみんなやる，と言ってきた。このクジャクヤママユの値打ちは，あいつにはそんなものか。すると，今度は，自分のちょうの収集を全部やる，と言ってきた。あいつのちょうの収集など，展翅の仕方も悪ければ，収集の仕方もなっていない。そ

第6章　アクティブ・ラーニングを生かした小・中学校の探究型授業

んなものを僕が欲しいわけがない。こいつには，それをわからせてやる必要がある。どなりつけるよりも，冷たくあしらってやろう。僕は軽蔑のまなざしでこう言った。
　「結構だよ。僕は，君の集めたやつはもう知っている。そのうえ，今日また，君がちょうをどんなに取りあつかっているか，ということを見ることができたさ。」
　その瞬間，あいつは顔をこわばらせ，僕につかみかかってこようとした。僕にこう言われても，あいつは何も言い返せないでいる。だまって他人の家に入り，僕の大事なちょうを壊し，僕につかみかかろうとするなんて，悪いのは，こいつだ。僕は絶対ない。しばらくの後，あいつは，打ちひしがれた様子だった。

（作品オリジナル）
　「そうか，そうか，つまり君はそんなやつなんだな。」
と言った。
　僕は，彼に，僕のおもちゃをみんなやる，と言った。それでも，彼は冷淡に構え，依然僕をただ軽蔑的に見つめていたので，僕は，自分のちょうの収集を全部やる，と言った。しかし，彼は，
　「結構だよ。僕は，君の集めたやつはもう知っている。そのうえ，今日また，君がちょうをどんなに取りあつかっているか，ということを見ることができたさ。」
と言った。
　その瞬間，僕は，すんでのところであいつののどぶえに飛びかかるところだった。もうどうにもしようがなかった。僕は悪漢だということに決まってしまい，エーミールは，まるで世界のおきてを代表でもするかのように，冷然と，正義を盾に，あなどるように僕の前に立っていた。彼はののしりさえしなかった。ただ僕を眺めて，軽蔑していた。

（2）子どもたちの解釈の紹介

まず，子どもたちがノートに書いてきた解釈のいくつかを紹介させる。

教　師　エーミールの視点から見直したリライト文のどちらに共感するか考え始めました。まずAの立場の人に説明してもらおう。照夫さん。

子ども　リライト文Aでは「ぼくは悲しくなってきた」とか，ぼくに同情しているというか，何だか自分も傷ついていて，悲しい奴だなというか。Bではその腹立ちを「そうかそうか，君はそんな奴なんだな」っていう嫌味みたいになっているんですが，嫌な奴っていうより，怒鳴りたかったけどそれをこらえて「そうかそうか，君はそんな奴なんだな」って言ってるような感じで。

教　師　なるほど。それから雅樹さん「蝶を大切に」って言ってたよね，前回の授業でも。本文中のどこからも読めたんだっけ？

子ども　188頁の12行目。

教　師　読んでみて。

子ども　「エーミールがそれを繕うために努力した跡が認められた。壊れた羽根は丹念に広げられ，ぬれた吸い取り紙の上に置かれていた。」

教　師　そこから？

子ども　必死さっていうか大事さ。大事にしてる。

教　師　そんなとこ，他にある？

子ども　183頁3行目に「手入れの正確な点で，一つの宝石のようなものになっていた。」ってある。大事にする感じ。

教　師　「B」の立場。でも，「A」かもしれないという真紀さん。

子ども　自分も子どもなのに，相手ばっかり悪いと思って，責めたり，もし大人だったら，もし大人の気持ちももってたら，自分にも悪いところがあったんじゃないかという考えがもてると思ったので，エーミールの方も，考え方が子どもだと思いました。

(3) 自力思考からグループでの学び合い―その1

教　師　じゃあ，聞こう。今の時点でAに共感する人。(5人が挙手) Bに共感する人。(30人が挙手) ABで迷っている人。(4人が挙手)
　　　　ということで，これから2分くらいあげるので，まず自分で「A」「B」それぞれのリライトの根拠を本文から見つけよう。前回に加えて新しいところを見つけて線を引こう。2カ所は見つけて。

(2分後)

教　師　これから話し合いをしてもらいます。本文中の語句や表現にきちんと根拠を求めているかを，みんなで見てください。それで「どこからそう思うの」って聞いてあげる。3分あげます。どうぞ。

　3分経過する直前に子どもたちから話し合いの時間の延長の要求が出る。そこで1分延長する。

　この間，子どもたちは本文の中から「A」「B」それぞれに共感する根拠を作品本文から見つけている。さきほど指摘されていた「手入れの正確な点で，一つの宝石のようなものになっていた。」や，「僕」と「エーミール」との対面の場面の「エーミールがそれを繕うために努力した跡が認められた。壊れた羽根は丹念に広げられ，ぬれた吸い取り紙の上に置かれていた。」などに線を引き始める子どもが多くいた。また同じ場面の「そうか，そうか，つまり君はそんなやつなんだな。」というエーミールの会話文などに線を引いている子どももいた。Aの立場の子どもや教師の助言をきっかけに「冷たいエーミール像」から「傷ついたエーミール像」に見解を変える子どもが少しずつ出てくる。「それは『僕』の言葉だよね。」「『僕』がそう感じているんだよね。」等の発言・助言である。

（4）学級全体での学び合い―その1

教　師　（計4分後）ではどうぞ。

子ども　188頁の16行目からの「エーミールは，激したり，ぼくを怒鳴りつけたりなどはしないで，低く『ちぇっ。』と舌を鳴らし，しばらくじっと僕を見つめていたがそれから／『そうか，そうか，つまり君はそんなやつなんだな。』」と言ったのが，なんか普通ならもっと激しくてもよかったと思うんです。大切なものが壊されたら普通怒るじゃないですか。それを怒るというんじゃないのは，なんか悲しすぎて怒る気力ないみたいな，そういう気持ちで傷ついているっていうのが見えて。

教　師　「激したり，ぼくを怒鳴りつけたりなどはしないで」それからもう一つは，「じっとぼくを見つめていた」。この2つの動作は，あんまり悲しすぎて，怒鳴りつけるとか，できなかったんじゃないかって。本当は腹は立ってたんだけど，あんまり悲しすぎて深く傷ついて，もう言葉にならなかった。どう？

子ども　189頁の11行目の「エーミールは，まるで世界のおきてを代表でもするかのように，冷然と，正義を盾に，あなどるように，僕の前に立っていた。」っていうのが，この場合でも冷静さがあったんじゃないかと，そう感じました。

教　師　「冷然」と語っているのは？

子ども　「僕」（口々に）。

教　師　だから，これは本当は「冷然」と「僕」には見えてるかもしれないけど，冷静なんじゃないか。反論ない？

子ども　確かに，冷然そうなっていうのは賛成なんですけど，でも傷ついているっていう感情はわからないです。

子ども　怒鳴りつけたりはしないけどそれは183頁からの「模範少年」だから，怒鳴るっていうことは絶対にしないタイプだと思うんです。

子ども　その次の文章に，「『ちぇっ。』と舌を鳴らし」って書いてあるん

ですけど，悲しんでいるときにわざわざ舌打ちっていうのはしないので，そこは怒っているっていう感情を表しているんだと思います。

（5）グループでの学び合い―その2

教　師　AもBもなかなか面白いね。班で少し話し合おうか。2分。

【2班の話し合い】

子ども　「A」の悲しんでることが，どこからわかるかなんだよ。
子ども　あー……。
子ども　その考えもやっぱり入ってるよね。
子ども　腹立つの普通じゃない？
子ども　それで，わーって怒ってるのに，悲しい。
教　師　本文中に何か根拠ない？
子ども　さっきの「エーミールがそれを繕うために努力した跡」とか見ると，結構悲しいのかもしれない。
子ども　やっぱりAにもBにも正しさがあるのかな。

（6）学級全体での学び合い―その2

教　師　A・Bの文章も大事だけど，ここからは作品の本文からどう読めるか，本文を示そう。
子ども　「エーミールは，激したり，僕をどなりつけたりなどはしないで」っていうのは，怒りを通り越してあきれていて，「どなりつけたりなどはしないで」，「そうか，そうか，つまり君はそんなやつなんだな。」みたいな感じで，あきれて言っている気がします。
教　師　立場はどっち？
子ども　Aに近いB。
子ども　「結構だよ。僕は，君の集めたやつはもう知っている。」って言ってるじゃないですか。その言葉によって「僕」はすごく怒った

わけじゃないですか。悲しんでいる人の口調なら「僕」はそんなに怒らないと思うんですよ。あんま元気なさそうだし。

子ども　だから，やっぱりいじわるしてる感じじゃないですか。「僕」を怒らせようと。

子ども　わざわざ「激したり，どなりつけ」なかったのは，エーミールが威圧感っていうか。「僕」は素直に怒るかなって思ってたんだけど，全然怒らないから，エーミールは威圧感とかでいじわるしようとしてるんじゃないかなって思いました。

教　師　反論は？

子ども　もどりますが，183頁に「僕」が（エーミールに）蝶を見せたとき「専門家らしくそれを鑑定し，その珍しいことを認め，二十ペニヒぐらいの現金の値打ちはあると，値踏みした。」ってあって。それで「僕」は「かなり傷つけられた。」ってあるんですけど，これは確かに少しひどいかもしれないけど，でも専門家らしいのは悪いことじゃないし値段をつけるのはカードやってたときは僕たちも値段つけ合ったし，本当は売ってないけどそんなにひどいかわからない。

教　師　「値踏み」っていじわるかどうか？

子ども　（口々に）子供っぽくない。／悪人じゃない。／どっちでもない。

（7）グループでの学び合い―その3

教　師　もう一度グループに行こう。2分。

【6班の話し合い】

子ども　「僕」自身がエーミールより劣ってると感じてるなら，「僕」は「あなど」られてるんだみたいに感じるのもわかる。

教　師　じゃあ，実際のエーミールは？

子ども　うーん…。でも，エーミールっていう人はやっぱり冷たい。でも，「僕」の思いも思い込み的というか……。

【7班の話し合い】
子ども　もしも本当に（エーミールが）性格が悪ければ、「非の打ちどころがない」とは書かないと思うから、そこで、「僕」がエーミールを嫌いだと思っているとすればマイナスにとらえると思う。それで、多分書いているのではないかなと思います。
子ども　サブストーリーみたいなのがあれば、多分わかるんです。エーミールと「僕」じゃない別の人のがあればわかるんですけど……。
教　師　だけど「僕」の語りだけなんだよね。
子ども　「僕」には特に冷たいのかなあ。

（8）学級全体での学び合い―その3

教　師　どうぞ。
子ども　私たちのグループで183頁に「非の打ちどころがないという悪徳をもっていた」ってあるんですけど……。
子ども　そこで、もしもエーミールが本当に性格が悪ければ、「非の打ちどころがない」とは書かないと思うので、そこで性格が悪いとは断定できないし、もしも「僕」がエーミールのこと嫌いであれば、誰でもマイナスにとらえると思うので、それで、エーミールのことをマイナスに書いているのだと思います。
教　師　付け加えない？　どうぞ。
子ども　私も同じです。183頁で9行目に「彼は難癖をつけ始め」とあるんですが、183頁の赤線で囲ってあるところと、188・189頁の赤線で囲ってあるところは視点が違ってて、183頁の方は「僕」から見たエーミールのことが書かれていて、188・189頁はせりふなんかはあったことを書いている視点なので、AもBもどっちも感じられる。
教　師　「非の打ちどころがない」っていうのは、別に悪いことじゃないんだということね。でも「悪徳」だって書いてあるよ。

子ども　「僕」の考え。
子ども　「彼は難癖をつけ始め」たんですけど，言い方にも問題があって，最後に「傷つけられた」ってあって，そこが気になりました。言い方が悪かったとか，うまく言えないとか，そういう問題。

（9）振り返り

教師　ああ，言い方悪い。もしかするとエーミールってあんまり上手く言えない人かもしれないということね。実は，A・Bどっちのエーミール像が正しいとかじゃないんです。エーミールの視点からもう一回本文をとらえ直すことで，どっちも読めるかもしれない。精神的に追い詰めてるとも読めるかもしれないけど，あきれてるとも深く傷ついてるとも読めるかもしれない。いろんな読み方ができる。

　あなた方から出てきたのは，とてもいい読みだった。小説を読むときはこういうことが面白い。私たちって，一人称だから今までの授業もずっと「僕」の内面に入り込んで読んできたよね。だけど，今度は別の人物の方から読んでみたら違う読み方ができるじゃない。幅が広がるね。これが小説を豊かに読めるってことになるんじゃないかな。あなたたちの普段の読書でも試してみてほしい。

第6章のポイント

アクティブ・ラーニングを生かした小・中学校の探究型授業

① **学習課題**の決定
② **一人一人の思考**──仮説をつくり出す
③ **グループ**での学び合い──試行錯誤
④ **学級全体**での学び合い──さらに大きな試行錯誤と解決
⑤ **振り返り**

第7章

授業研究システムで
アクティブ・ラーニングの質を高める
「専門職」として授業力を確実に高める方法

　「アクティブ・ラーニング」という教育方法は，丁寧な教材選択，深い教材研究，具体的な目標・ねらい，切れ味のある学習課題や指導言，グルーピングをはじめとする質の高い指導スキルなどが求められる。もともと授業という営みは専門性の高い難しいものである。ましてアクティブ・ラーニングとなると，これまでの各章で検討したきたようにより高度な指導を求められる。教師の「専門職性」が大きく問われるものである。そして，それは教師一人一人の努力によってだけでは限界がある。教師同士が共同してアクティブ・ラーニングを生かした授業づくりを研究していく必要がある。そのためには一定の授業研究システムを作り出す必要がある。

　秋田県・広島県をはじめとするアクティブ・ラーニング先進地域では，必ずこの共同での授業研究システムが存在する。アクティブ・ラーニングを生かす授業にとって共同研究は必須である。アクティブ・ラーニングは，子どもの共同と同時に，教師の共同も必要なのである。

　この章ではそのことについて考えていく。（教師の「専門職性」を高めるための共同研究であるから，もちろんアクティブ・ラーニングの授業だけに適用されるものではない。多くの授業で生かせる方法・方略である。）

❶「事前研究→ワークショップ→事後研究」の共同研究システム

　共同研究は日常的に行われるべきものである。ただし校内研修会や公開授業研究会など一定規模の研究でそれはより強く要求される。校内研修会，公開研究会などを例に考えていく。

　繰り返しになるが鍵は「共同研究」である。教師一人一人が，専門職としての自負をもって力を尽くすことは是非必要なことである。しかし，専門職

だからこそ，1人では限界があるとも言える。「専門職」と言われる職業には基本的に継続的に研究を高めるためのシステムがある。医師の世界では，最新の診断方法と治療方法を学び研究し合う組織がある。弁護士の世界でも，法律や条令改正についての正確な情報共有と最新判例の共同的研究が必須である。教師の世界でも新しい学力観が提唱され，「言語活動」「アクティブ・ラーニング」など新しい教育方法が提起されている今だからこそ，一層共同研究は必要となる。それでなくとも授業という営みは極めて高度な難しい高い専門性を要求されるものである。それは校内研修会，公開授業研究会，小中連携授業研究会，市町村教育委員会主催の授業研究会，各都道府県教育委員会（教育センターを含む）の授業研究会などが節目となる。そして，そこで培った授業力を日常的な共同研究が支え発展させることになる。

　授業研究会などで基本となるのは「事前研究→ワークショップ→事後研究」のシステムである。まずは研究会当日前までの「事前研究」が重要である。これが授業研究の成否を決める。そして，当日の研究授業（公開授業）の直後の検討会は「ワークショップ型」が効果的である。これは現在ではかなりの都道府県で広がりつつある。そして，最後に授業を撮影したDVD（BD）を使っての「事後研究」である。

(1)「事前研究」が研究の成否を分ける―研究チームの結成
　　（教材選択・教材研究→目標設定→指導案・細案→プレ模擬授業）

(2)「研究会当日」は参加者が発見を生み出す仕組みを
　　　　　　　　　　　　　　　　　　―ワークショップ授業研究
　　（付箋紙を生かした「グループ⇔全体」のワークショップ型）

(3)「事後研究」はビデオ映像を使うと有効―ストップモーション研究
　　（「一時停止」をしながら授業映像をリフレクト）

(1)「事前研究」が授業研究会の7割の成否を決める

　事前研究なしの授業研究では限られた成果しか得られない。その上で大切なのはどういった質の事前研究を行うかである。よくあるパターンは授業者が一人で「孤軍奮闘」するものである。確かに形式だけは「事前検討会」などをもつ例が多いが，実質的には指導案の書き方の形式や表層に軽く触れる程度で，教材研究のあり方，目標・ねらいの設定の仕方，学習課題を含む指導案の具体について，丁寧で厳しい検討が行われていない例がある。それは事実上の授業者の個人研究ということになる。

　そうではなく基本は授業のための「研究チーム」を作っての事前検討が是非必要である。そこでは次のことを行う。

> ①教材選択（単元の系統性の検討を含む）
> ②教材研究
> ③目標・ねらいの決定
> ④指導案の作成（単元全体の指導過程と各授業の到達点）
> ⑤本時案の作成
> ⑥本時案を具体化した細案の作成（板書・教具計画を含む）
> ⑦細案に基づくプレ研究授業

　ポイントの一つは，教材研究から共同で研究を行うことである。たとえば教科部で事前検討した教材研究案を研究チームに提案し，そこで丁寧な検討を行う。教科部の人数が少ない場合は，授業者が研究チームに直接教材研究案を持ち込むこともある。「教科の専門が違うから」「自分はその教科のことはよくわからない」といった言い訳をして，研究チームでありながら事実上教材研究に関わらないことである。小学校でも中学校でも高校でも自分の専門以外の教科にも教材研究レベルからアクセスできないといけない。専門性を軽視するわけではない。専門外だからこそコメントできるという利点を生かしてアクセスしていく必要がある。実際に，たとえば中学校の授業研究会

の事前検討でも、はじめは「自分はわからない」と言っていた先生方も、はじめの一歩を踏み出せば、多くの場合鋭く厳しいコメントをするようになる。

　指導案、授業案作成段階でも、それは同様である。たとえば「学習課題」や「発問」の的確性などは、専門外だからこそ、子どもたちにとって本当に取り組みやすいものか、ちょうど良い難易度かなどを見極めることがしやすいとも言える。「その学習課題だと私なら、何を目指していいのかわからない」「その発問だとどう答えたらいいか、全然見えてこない」など、専門外の教師の方がかえって見えることも少なくない。(その際に本書の各章で述べたアクティブ・ラーニングの授業づくりの要素が生きるはずである。)

　細案の作成やプレ授業の際も、専門外の教師の方がその教科専門の先生より子ども目線で授業を見ることができる場合がある。学年に複数の学級がある場合は研究授業以外の学級で「プレ研究授業」を行うことが多いが、そこにもチーム全員が参加し、忌憚のないコメントをし合うことが有効である。1学年1学級の場合は、他の学級でのプレ授業ができない。その場合は、研究チームで「プレ模擬授業」を行えばよい。教師が子ども役になって、実際のとおりに授業をしてみるのである。それでも、かなり授業は見えてくる。

　もうおわかりのように「研究チーム」の設定の仕方は多様にあってよい。

　それは学年団ということもあるし、教科部ということもある。また、学年団と教科部の合同チーム、あるいは前半では教科部で検討を行い、後半では学年部で検討を行うという二重チームを使う例もある。さらには、あえて学年部も教科部も超えて、様々な学年、様々な教科が組み合わされる形の研究チームを作る場合もある。(その場合でも教科部のメンバーだけは多めに入ることはある。)特に中学校では、「教科の壁」があるために、全校の教師の共同研究が事実上できていないという例が少なくない。そうなると、全体の授業レベルは下がる傾向にある。(秋田県の中学校でも私が関わってきている全国のいくつかの県市町の中学校でも、教科を超えた共同研究ができているかどうかと、授業レベルが高いかどうかとは高い相関がある。)

　事前研究段階から、教師の「アクティブ・ラーニング」が成立していない

と，本番のそれはレベルが高くできにくいということである。事前研究の誠意が授業研究全体の成否の鍵を握っている。

（2）研究会当日は「ワークショップ型」授業検討会が効果を発揮する

　事前研究の質が高いと自然と当日の研究授業の後の検討の質も高くなる傾向がある。とは言え，研究チーム以外の教師が当日の授業研究会にどう関わるかを意識する必要がある。どうしても，事前に関わっていない教師は当日も消極的になる場合がある。

　そうならないためには，「ワークショップ型」授業検討会が有効である。最近では全国的にかなり広がってきているようだが，まずは教師全員が付箋紙に授業についてのコメントを記入する。たとえば，その授業で評価できる点は水色の付箋紙，課題・改善すべき点はピンクの付箋紙というように2種類の付箋紙を使う。ただし，付箋の枚数について一定の制限を設ける。問題は課題・改善の付箋である。必ず課題・改善の付箋は3枚以上書くことなどのルールを決めるとよい。（初期の段階では評価できる点の付箋だけが多く，課題・改善―の付箋が極端に少ないという例がある。）

　そして，その2種類の付箋をもってグループごとに集まる。グループは，教員集団の数にもよるが，あまりグループが多すぎると一人の発言が少なくなる。逆にグループの数が多いと，この後の発表に時間がかかりすぎる。また，人数が少なすぎると多様なコメントが飛び交いにくい。目安としては1グループ4～8人くらいであろうか。その際に「研究グループ」のメンバーは各グループに分散させる方がよい。グループでの話し合いの際に，それまでの事前研究の状況がわかると，より検討が深くなる。

　必ず各グループに「司会」つまり「リーダー」を立てる。司会はただの調整役ではない。授業の優れた点と課題・改善点を鋭く切れ味よく抽出するためのリーダーである。付箋は，成果も課題・改善も，それぞれ模造紙等に内容別に分類しながら貼り付けていく。それらをマジック等で囲みラベリングをしていく。「2回目のグループの話し合いの質のバラツキ」「3回目グルー

プ後の全体の意見絡み合い弱い」「振り返りに欠落あり」などである。
　そこではリーダーを中心に分類していくだけでなく，特に重要な課題・改善点については，グループの中で検討し深めていく。できれば「こう指導すればよかった」「こういう指導の可能性があった」など代案まで出せるとよい。また，グループの中で見解が一致しないこともある。当然であるし，むしろ望ましいことである。指導の可否・評価をめぐっての討論が展開できる（全体への発表の際はそれをそのまま告げればよい）。
　その上で全体への発表である。模造紙を前に掲示しどのような優れた点が指摘されたか，どのような課題・改善点が出されたかを発表していく。そうなると自然と多くのグループが指摘する共通の課題・改善点が出てくる。発表が終わった段階で授業者から意見をもらってもよい。また，可否・評価が分かれるときはグループ相互で討論を展開してもよい。
　授業者も特に大きな反論はない，可否・評価に大きな差がないという場合は，すぐに助言者からのコメントということになる場合が多い。しかし，それでは授業研究の質が深まらない。共通して出された課題・改善点の中でも特に重要と思われるものについては，再度グループで検討する時間を取る方が効果的である。絞った課題・改善点について「ではどういう指導を行えばよかったか」について代案を各グループで考えるのである。はじめの話し合いでそこまで検討しているグループもあるが，多くの場合そこまではいかない。（検討会の時間枠にもよるが，2回目の話し合いを設定するためには，

(注63)

1回目の話し合いの時間を長くしすぎないように配慮する必要がある。）

　そして，一定時間の後に各グループから代案を発表する。様々な代案が出てくる。どれが正解ということではない。多様な代案を出し合うことだけで大きな意味がある。助言者がいるとしたら，その後にそれら代案への評価も含めしてもらうとよい。（その場合，2回目の話し合いの論点を何にするかについては高度な判断が求められる。だから，全体会の司会（リーダー）は研究主任がつとめるべきなのだが，それでも1人では決めにくい場合がある。そういう場合は，各グループの発表が終わった段階で短い休憩を取り，その間に司会者，校長先生，教頭先生，副研究主任，助言者などで短い検討会議をもてばよい。そこで2回目の話し合いの論点を決めればよい。）

1　1回目のグループの検討
　①一人一人が2種類の付箋紙にコメントを書く
　②それをグループごとに持ち寄って貼りながら分類していく
　③分類しつつ，あるいは分類したものを検討していく
　　　　　↓
2　全体への発表
　④各グループごとに評価点，課題・改善点を発表
　⑤授業者からの答え（反論）
　　　　　↓
3　2回目のグループの検討
　⑥絞られた課題・改善点について代案を検討していく
　　　　　↓
4　全体への発表と助言者のコメント
　⑦各グループごとに代案の発表
　⑧助言者のコメント
　⑨授業者のコメント

「ワークショップ型」の検討会を成功させるポイントの一つは，各グループのリーダーの存在である。付箋紙と模造紙を使ってのグループでの検討が深まれば，グループ相互の検討が絡み合い全体の研究の質が高まる。リーダー不在で形だけ下記のような形を真似てもうまくいかないことがある。
　こう見てくると，「ワークショップ型」の検討会自体もアクティブ・ラーニングということになる。

（3）研究チームによる「事後研究」は授業検討をより深化させる

　授業研究会の少し後に「事後研究」を設定すると，授業の成果と課題・改善点は一層鮮やかに見えてくる。具体的には，授業をビデオで撮影しておき，それを研究チームが集まって再生しながらリフレクトしていくのである。
　その際に授業のポイントとなる部分で「一時停止」をする。基本はその場で研究チームのメンバーが，再生されている授業を見ながら「ストップ」をコールし止めるのである。既に当日の「ワークショップ」で指摘されている部分については短く確認するくらいにして，当日出ていなかった優れた点と課題・改善点について丁寧に検討を進めていく。「今の発問の意味が理解できない子どもが何人かいたはずだ。なぜならば～」「この板書は，少し足りない部分があると思う。たとえば～」「このときの教師の立ち位置はここでよかったのか」「なぜこの５班の民江さんの発言をみんなに振らなかったのか」「この話し合いの時間，少し長すぎた」などを出しながら検討を深めていく。
　ここでも研究チームが一致するとは限らない。授業者から反論が出るかもしれない。それもむしろ好ましい。そこで討論をすればいいのである。一定の結論が出ればよいが出なくても研究としては意義がある。
　その場で研究チームのメンバーが，「ストップ」をコールし止めると述べたが，慣れないうちは意外なくらい「ストップ」が出ないことがある。もう当日の検討会で検討しているからこれ以上指摘することはないと思い込んでいる場合もある。実際に事後検討を行うと，そういうことは少ない。新たな発見があるものである。だから，はじめの段階では，その研究チームのリー

ダーが，事前に「ストップ」させるべき箇所を決めておくとよい。コールが出ない場合は，そこで止めて「この発問，どう思う？」などと問いかけていくのである。ただし逆に「ストップ」が出すぎて前に進めないこともある。その際も，一定の見極めをして早送りをするなどして授業を最後まで検討できるようにするという配慮が必要なこともある。

　45分，50分の授業でも，丁寧に「ストップ」をかけながら事後研究をしていくと，意外なくらい時間がかかることがある。そこまで時間をかけられない場合は，予めリーダーと授業者で相談して，授業時間すべてではなく，「こことこことここを検討してほしい」という形で録画部分を絞り込んでおくという方法もある。DVD（BD）はマーキングをしておけば簡単に指定のところまで時間を飛ばすことができる。（これは，1回の事後研究で複数の授業を検討する必要がある場合などにも有効である。）

　「事後研究」は極めて有効な研究方法だが，教師集団全員が参加しにくいという面がある。それを補うためには，事後研究の検討の様子や結果を「授業研究通信」として作成し，教師集団全員に配布するという方法がある。

　「事後研究」のためにビデオ撮影をということを述べたが，この撮影は事後研究のためだけではない。後で授業者自身が自分の授業をリフレクトする際にも有効であるし，紀要などの作成の際にも生きる。他校との共同研究，大学との共同研究などでも生きる。節目の授業では必ず授業を撮影するということを習慣化することが望ましい。それも，教室後部に据え置きでなく，必ず1人，専任の撮影者を決めた方がよい。その撮影者は撮影に専念し，その瞬間瞬間で必要な映像と音声をしっかり収録する責任を負うのである。そのためには，有線の電源ではなくバッテリー電源にして，必要に応じてカメラを三脚から外しグループの話し合いや教師の助言を丁寧に撮影することが求められる。ワイヤレスマイクも有効である。

❷ 様々な「壁」を越えた授業研究の可能性

　授業研究には，様々な見えない「壁」がある。それらを乗り越えていくこ

とが授業研究の質を上げる。まずは，今指摘した校内での「壁」である。特に全校体制の授業研究を妨げているのが教科の壁である。これをどういう工夫・どういう仕掛け・どういうシステムで乗り越えるかが重要である。

(1) 学校の「壁」を乗り越える―「小中連携」の試み

　校内研修会が基本としても，学校の「壁」を越えることも大切である。小学校と小学校の連携研究，中学校と中学校の連携研究なども有効である。

　そして是非重視してほしいのが「小中連携」である。同じ中学校区の小学校と中学校が一対一，あるいは二対一などで共同研究を進めていくのである。これは教科の「壁」を越えることとまた違った効果を生む。

　中学校の教師は意外なくらい小学校の教師の授業を知らない。小学校の教師も中学校の教師の授業を意外なくらい知らない。まずは，相互に授業を参観し合うところから始めればよい。ただし，速い段階で検討会にも参加した方がよい。そこで「ワークショップ型」検討会にグループメンバーとして参加するのである。互いに「目から鱗が落ちる」と感じる要素が多いはずである。そして，さらにできるだけ早い時期に，事前研究から関わる形での小中連携の授業研究を行うとよいと考える。中学校の研究授業のための研究チームに小学校の教師に加わってもらう。小学校の研究授業のための研究チームに中学校の教師に加わってもらう。まずは当該教科を専門とする教師でよい。さらに進めば，それを超えて小中共同研究チームを作るのである。

　優れた研究の基本は「異質性」である。同質ももちろん重要だが，異質であることで，様々な発見がある。それはアクティブ・ラーニングで子どもにとって異質が重要であることと似ている。

(2) 外部の「助言者」を生かす

　異質性という点では指導主事・大学教員なども，良い意味で異質である。学校の外の存在とも言える。だからあえて授業研究会に取り込み研究をより立体的なものにしていくことが有効である。全国を回ってみて，外部の助言

者を有効に生かしている学校の方が授業レベルの向上がうまくいっている。

それは当日だけでなく「事前研究」から関わってもらうことを原則にした方がよい。できれば研究チームの事前検討会に参加してもらう。毎回は難しいとしてもそのうちの何回かには参加してもらう。また，それ以外はメール等のやり取りで事前研究に参加してもらうということが有効である。（私自身は，事前研究に行くことも多いが，時間がない場合は，大学に研究チームの数人の教師に来てもらい，そこでミニ事前検討会を行うこともある。）

❸ 授業研究の「日常化」を目指す

授業研究会を中身のあるものにしていくことは，アクティブ・ラーニングの授業づくりでは是非必要なことである。ただし，それだけでは危うい面がある。そういった研究会・研修会を日常に生かしていくことが重要である。

(1) 授業を見ること，見せること—教室という「密室」からの解放

教室での授業は「密室」の営みである。確かに子どもたちがたくさんいるから解放されているようにも感じる。しかし，専門家は（通常は）教師1人である。その意味では「密室」なのである。

だから，少しでも「密室」を解放することが，授業の質を上げるためには大切である。極端なことを言うと，「善意」の中で教師と子どもたちとの「温かい」人間関係だけで授業が成立している危険さえある。どんな力がついているか不明のままに，教師と子どもたちとの「良好」な関係から授業の質が低いままに放置されている可能性はどこにもある。

管理職がチェックをした方がいいと言っているのではない。そんなことではそういったことはそもそも解決できない。多くの教師に自分に授業を開いて見てもらう。また，自分も見に行く。——という開かれた関係性を教師集団の中で作っていくことが大切である。私が知っている先進校の多くが「事前の断りなしにいつでも授業を見に来てもよい。そのかわり自分もいつでも他の教師の授業を見に行く。」というルールを作っている。2分でも5分で

もいい。もちろん45分・50分見てもいい。そのかわり見た後は，ショートコメントを付箋紙か口頭で必ず伝える。授業の優れた点，気になった点，課題等をお互い忌憚なく指摘し合う。

校内研修会で相互に授業の評価と課題・改善点を指摘し合える関係ができていれば，それが可能になってくるはずである。

（2）教師は専門職であり「研究者性（researcher）」と「職人性（artisan）」の両性が必要

教師は，右でも述べたとおり「専門職（profession）」である。だからこそ，中身の濃い共同研究が必須である。そして教師はトップレベルの「研究者性（researcher）」と熟練された「職人性（artisan）」が必要である。特にアクティブ・ラーニングでは，それが強く求められる。

それらは右で提案した校内研修会，小中連携授業研究会などを充実させることで担保できるようになるが，同時に日常の共同性も大切である。だから，いつでも授業を見ること・見せることが大切である。

同時にこれもやはり日常的に教室で廊下で職員室で休憩室で，常に授業の話・子どもの話が交わされる職場を作っていることも大切である。

第7章のポイント

アクティブ・ラーニングの質を高める共同研究システムモデル

① **「事前研究」**が研究の成否を分ける―研究チームの結成
　（教材選択・教材研究→目標設定→指導案・細案→プレ模擬授業）
② 「研究会当日」は参加者が発見を生み出す**ワークショップ授業研究**
③ 「事後研究」はビデオ映像を使うと有効―**ストップモーション研究**

注

（1） 溝上慎一『アクティブラーニングと教授学習パラダイムの転換』2014（東信堂）7頁
（2） 前掲書（1）11頁
（3） 中央教育審議会答申「新たな未来を築くための大学教育の質的転換に向けて〜生涯学び続け，主体的に考える力を育成する大学へ〜」2012
（4） 溝上慎一「アクティブラーニングの背景」10〜14頁，同「高等学校に下りてきたアクティブラーニング」53〜54頁，ともに溝上慎一編著『高等学校におけるアクティブラーニング・理論編』2016（東信堂）
（5） 文部科学省「初等中等教育における教育課程の基準等の在り方について」（諮問）2014
（6） 文部科学省教育課程企画特別部会『論点整理』2015
（7） 松下佳代「プロローグ」松下佳代編著『ディープ・アクティブラーニング』2015（頸草書房）i頁
（8） 松下佳代は「ディープ・アクティブラーニングへの誘い」（前掲書（7））等でユーリア・エンゲストルム（Yrjo Engestrom）の論考を評価しつつアクティブ・ラーニングにおける「外化」を重視する。エンゲストルムは「外化」に「発話，図表，計画，スケッチ，具体的行為」などを含めている。しかし，阿部はあえて「外言化」に絞ることに意味があると考える。「外化」だと「スケッチ」「具体的行為」にまで範囲が広まり「言語」に特化されない。「内言」の「外言化」がアクティブ・ラーニングでは重要な位置を占めるが，そのことが曖昧になる危険がある。（ユーリア・エンゲストルム（松下佳代他訳）『変革を生む研修のデザイン―仕事を教える人への活動理論』2010（鳳書房）Training for chaege : New approaches to instruction and learning in working life, 1994）
（9） 「探究型学習」という呼称を「総合的な学習の時間」のような総合型の授業についてのみ使うという立場もあるようだが，それは一般的とは言えない。本書では各教科の授業についても総合型の授業についても「探究型授業」という呼称を使う。
（10） 大庭珠枝教諭（秋田大学教育文化学部附属小学校）が2013年12月に6年生に授業をした記録に基づき一部再構成した。

(11) 堀井綾子教諭（秋田大学教育文化学部附属小学校）が2015年6月に6年生に授業をした記録に基づき一部再構成した。
(12) ドミニク・S・ライチェン他編著（今石幸蔵他訳）『キー・コンピテンシー―国際標準の学力をめざして』2006（明石書店）Key Competencies for a Successful Life and a Well-Functioning society, 2003
(13) 阿部の「あたらしい学力」（試案）はOECD「キーコンピテンシー」や国立教育政策研究所「21世紀型能力」等を先行研究として検討しながら作成した。国立教育政策研究所・報告書「社会の変化に対応する資質や能力を育成する教育課程編成の基本原理」2013では次の「21世紀型能力」が示される。

  実践力　　・自律的活動力　・人間関係形成力　・社会参画力
      ・持続可能な未来づくりへの責任
  思考力　　・問題解決・発見力・創造力
      ・論理的・批判的思考力　・メタ認知・適応的学習力
  基礎力　　・言語スキル　・数量スキル　・情報スキル

松下佳代は〈新しい能力〉を提案している。（松下佳代編『〈新しい能力〉は教育を変えるか―学力・リテラシー・コンピテンシー』2010（ミネルヴァ書房））示唆に富む論考だが，この「あたらしい学力」とはまた少し違った角度からのものである。
(14) 授業で子どもたちの関心・意欲を高め，より前向きの学習態度を創り出すことは重要なことである。教育全体でもそれは大切な要素である。ただし，それを教科の「学力」として取り立てて目標化し評価することが適切かどうかには議論の余地があると考える。「道徳」を教科化し，目標を設定し評価をすることに賛否があるのと近似している。道徳を育てることは大切だがそれを教科化し目標を設定し評価するべきかどうかは論議の余地がある。それゆえ「あたらしい学力」にはそれらは取り立てて位置づけなかった。
(15) 阿部昇『国語力をつける物語・小説の「読み」の授業―PISA読解力を超えるあたらしい授業の提案』2015（明治図書）193〜194頁
(16) 阿部昇『文章吟味力を鍛える―教科書・メディア・総合の吟味』2003（明治図書）178〜180頁（本書に書かれている方法を阿部が再構成した。）
(17) 「ヤリ・ラボネン教授，ディーナ・シランデル教授，教育講演会」2013年6月4日，秋田大学
(18) 国立教育政策研究所編『生きるための知識と技能―OECD生徒の学習到

達度調査（PISA）2003年調査国際結果報告書』2004（ぎょうせい）119頁
(19) 朝日新聞1999年5月28日朝刊
(20) 石井英真は「多くの授業で教師が奪ってしまっている各教科の一番本質的でおいしいプロセスを，子どもたちにゆだねていく。ここ一番のタイミングでポイントを絞って，グループ学習などを導入していくことで，ＡＬは，ただアクティブであることを超えて『教科する』授業となっていくのである。」と述べている。「アクティブ・ラーニングを超える授業づくり―『教科する』授業へ―」「読み」の授業研究会編『国語授業の改革16』2016（学文社）175頁
(21) この優位性を設定するにあたっては，戦後の学習集団研究から多くの示唆を得た。吉本均，大西忠治，豊田ひさき，折出健二，藤原幸男をはじめとする先人たちの研究成果の影響が大きい。
(22) レフ・セミョノヴィチ・ヴィゴツキー（柴田義松訳）『思考と言語』（新訳版）2001（新読書社）403～422頁　Лев Семенович Выготский：Мышление и речь1934
(23) 『こくご二上』2015（光村図書）50～59頁
(24) 授業過程は阿部によるシミュレーションである。
(25) 内村衛教諭（大阪府池田市立池田小学校）の教材開発に基づく。2013
(26) 腰山潤教諭（秋田県立秋田南高等学校，当時・秋田大学教育文化学部附属中学校）が2013年5月に3年生に授業をした記録に基づき一部再構成した。
(27) 『国語四下』2015（光村図書）8～25頁
(28) 阿部昇が2004年10月に秋田大学教育文化学部附属中学校1年生に授業をした記録に基づき一部再構成した。
(29) 堀井綾子教諭（秋田大学教育文化学部附属小学校）が2016年2月に6年生に授業をした記録に基づき一部再構成した。
(30) 授業過程は阿部によるシミュレーションである。『国語五』2015（光村図書）114～131頁
(31) 熊谷尚教諭（秋田大学教育文化学部附属小学校）による教材開発である。新聞は2014年2月20日朝刊。
(32) 授業過程は阿部によるシミュレーションである。
(33) 『こくご一上』2015（光村図書）48～54頁
(34) 前掲書（33）114～118頁
(35) 『中学社会・新しい日本の歴史』2015（育鵬社）96頁

(36) 『中学社会・新しい歴史教科書』2015（自由社）115頁
(37) 『新中学校・歴史・日本の歴史と世界』2015（清水書院）103頁
(38) 『中学社会・歴史・未来をひらく』2015（教育出版）95頁
(39) 『新しい社会・歴史』2015（東京書籍）101頁
(40) 『中学社会・歴史的分野』2015（日本文教出版）109頁
(41) 『社会科中学生の歴史・日本の歩みと世界の動き』2015（帝国書院）93頁
(42) 前掲書（35）97頁
(43) 前掲書（36）115頁
(44) 前掲書（37）103頁
(45) 前掲書（41）93頁
(46) 『わたしたちの小学国語』2002（日本書籍）40〜45頁
(47) 『広辞苑・第6版』2008（岩波書店）
(48) 『国語五』2015（光村図書）46〜51頁
(49) 『国語1』2015（光村図書）202〜214頁
(50) 前掲書（35）219頁
(51) 前掲書（38）222頁
(52) 前掲書（39）213頁
(53) 『新編新しい算数6・数学へジャンプ』2015（東京書籍）45〜47頁
(54) 『小学算数6』2015（教育出版）34〜39頁
(55) 前掲書（22）297〜307頁
(56) 斎藤喜博『授業―子どもを変革するもの』1963（国土社）7〜12頁
(57) 大庭珠枝教諭（秋田大学教育文化学部附属小学校）が2015年10月に5年生に授業をした記録に基づき一部再構成した。
(58) 前掲（29）
(59) 長谷川貴子教諭（秋田公立美術大学附属高等学院）が2012年6月に当時の勤務校であった秋田大学教育文化学部附属中学校の1年生に授業をした記録に基づき一部再構成した。
(60) 『徒然草』本文は大庭珠枝教諭が，先行文献に基づき教材化した。①〜③段落の分割も大庭教諭による。
(61) 『わくわく算数6』2015（啓林館）226頁
(62) 『国語1』2012（光村図書）178〜190頁
(63) 秋田県雄勝郡東成瀬村東成瀬小・中学校の「小中連携授業研究会」2014

おわりに

　ヨーロッパの多くの国では，探究重視のアクティブ・ラーニングの授業が普通に行われている。

　フィンランドでは，小学校の歴史の授業で，1つの歴史事象についての複数の見方・見解をリサーチし，それらの妥当性を検討するという学習が行われている。最終的にその時点での自分の考えを表明する。ドイツでは難民受け入れ問題を授業で取り上げ探究させている。トルコの大統領が自分を揶揄したとして，ドイツの作家を名誉毀損でドイツ検察に訴えた。それをメルケル首相が事実上容認したことについて，ドイツ国内では論争が起こっている。それを公立高校の授業で取り上げ，賛否を討論させている。ドイツでは「意見を押しつけない」「様々な考えを伝え合う」「自分の考えをもつ」などを重視して授業を展開している学校が多い。

　母国語の授業では，小説を批評したり論説文を批判的に読む授業，そしてそれらを文章に書いて発信し交流していく授業は，フィンランドやドイツをはじめとするヨーロッパの多くの国で普通に行われている。

　残念ながら日本では，歴史の授業も「事実」を覚えさせるという授業がまだ多い。それでも前後の歴史文脈や同時代の諸条件（経済的，社会的，文化的，国際的等）と関わらせながら歴史事象をとらえさせているという授業はある。しかし，その場合でも歴史事象についての複数の見方を比較・検討するというレベルにまでには至っていないことが多い。現実に社会で賛否をめぐり論議されている問題を授業で取り上げることも少ない。

　日本の国語の授業も，小説を本格的に批評させたり，論説文を批判的に読む・書くという授業は，そう多いとは言えない。

　日本国憲法に「主権が国民に存すること」「基本的人権の享有」「生命，自由及び幸福追求に対する国民の権利」などが明記されている。それらの権利を実質的に保障できる学力という観点をもてば，フィンランドやドイツで行われているような授業は必須のはずである。また教育基本法の「良識ある公

民として必要な政治的教養」を育てるためにも欠かせないはずである。18歳に選挙権が引き下げられ「主権者教育」の重要性が強調されている。そのためには，そういう授業は是非必要なはずである。国語や社会，算数・数学，理科，英語などすべての教科で探究重視の授業を展開していくべきである。

　それらに関わる学力は，たとえば国立教育政策研究所の報告書の中で提示されている「社会参画力」「批判的思考力」「メタ認知力」などと指向を同じくするものである。OECDの「キー・コンピテンシー」にも合致する。そして，そういった学力を育てるためには，アクティブ・ラーニングを生かした探究型授業がふさわしい。その意味でアクティブ・ラーニングはこれまでの日本の能力観・学力観，教科内容そして授業や教材のあり方にまで再検討を迫るものである。

＊

　アクティブ・ラーニングを生かした探究型授業は，実は戦後の教育学や教育運動の中で「学び合い」「学習集団」などとして真摯な研究・実践が行われてきた。共同研究も全国で行われていた。しかし，様々な事情からそれが忘れられ共同研究も難しいという状況も出てきた。今回のアクティブ・ラーニングの提起をきっかけとして，そういう日本の教育の成果をもう一度，ひも解き生かしていく必要がある。本書もそのことを意識して書いた。

　本書では，アクティブ・ラーニングを生かした探究型の授業事例を多く紹介した。それは，秋田県，茨城県，千葉県，埼玉県，京都府，大阪府，愛知県，福岡県をはじめとする全国の小中高の先生方と行ってきた共同研究の成果である。日本では先進的な探究型授業は確かに行われている。ただし，まだ全体から見るとその数は少ない。今後，全国に広がっていくことを望む。

＊

　本書を刊行するにあたっては，明治図書の木山麻衣子氏に温かく支えていただいた。木山氏なしでは本書は成立しなかった。感謝を申し上げる。

2016年8月

秋田大学　阿部　昇

【著者紹介】

阿部　昇（あべ　のぼる）

秋田大学大学院教育学研究科教授。専門は教育方法学，国語科教育学。

1954年生まれ。茗溪学園中学校・高等学校教諭，秋田大学教育文化学部助教授を経て現職。2008〜2011年秋田大学教育文化学部附属小学校校長。

日本教育方法学会常任理事，全国大学国語教育学会理事，日本ＮＩＥ学会理事。

「読み」の授業研究会代表。

秋田県検証改善委員会委員長，秋田県ＮＩＥ推進協議会会長。

〈著書〉

『文章吟味力を鍛える―教科書・メディア・総合の吟味』『国語力をつける物語・小説の「読み」の授業―PISA読解力を超えるあたらしい授業の提案』『授業づくりのための「説明的文章教材」の徹底批判』『「オツベルと象」の読み方指導』（以上明治図書），『力をつける「読み」の授業』（学事出版），『頭がいい子の生活習慣―なぜ秋田の学力は全国トップなのか？』（ソフトバンククリエイティブ）など多数。

〈編著書・共著〉

『説明文・論説文の「読み」の授業・入門編』（明治図書），『あたらしい国語科指導法・四訂版』『教育の方法と技術・改訂版』『授業で子どもに必ず身につけさせたい「国語の力」』『「言語活動」を生かして確かな「国語の力」を身につけさせる』『国語科教科内容の系統性はなぜ100年間解明できなかったのか』『ＰＩＳＡ型「読解力」を超える国語授業の新展開』（以上学文社），『文学作品の読み方Ⅱ』（日本標準）など多数。

〈本文イラスト〉木村美穂

確かな「学力」を育てる
アクティブ・ラーニングを生かした探究型の授業づくり
―主体・協働・対話で深い学びを実現する―

2016年9月初版第1刷刊　Ⓒ著　者　阿　部　　　昇
2017年4月初版第2刷刊　　　発行者　藤　原　光　政
　　　　　　　　　　　　　発行所　明治図書出版株式会社
　　　　　　　　　　　　　　　　　http://www.meijitosho.co.jp
　　　　（企画）木山麻衣子（校正）吉田茜・㈱東図企画
　　　　〒114-0023　東京都北区滝野川7-46-1
　　　　　振替00160-5-151318　電話03(5907)6702
　　　　　ご注文窓口　電話03(5907)6668

＊検印省略　　組版所　藤原印刷株式会社

本書の無断コピーは，著作権・出版権にふれます。ご注意ください。

Printed in Japan　　　　　ISBN978-4-18-260722-6

もれなくクーポンがもらえる！読者アンケートはこちらから →